UNIVERSITÉ DE PARIS — FACULTÉ DE DROIT

ÉTUDE

SUR LE

DROIT D'AFFOUAGE

THÈSE POUR LE DOCTORAT

PAR

Henri BERTRAND

BOURG

IMPRIMERIE Francisque ALLOMBERT

18, Rue Lalande, 18

—

1900

THÈSE

POUR LE DOCTORAT

ÉTUDE

SUR LE

DROIT D'AFFOUAGE

THÈSE POUR LE DOCTORAT

L'ACTE PUBLIC SUR LES MATIÈRES CI-APRÈS

sera soutenu, le vendredi 26 janvier 1900, à 2 h. 1/2

PAR

Henri BERTRAND

Président : M. BERTHÉLEMY

Suffragants : MM. ALGLAVE, *professeur.*
SAUZET, *professeur.*

BOURG

IMPRIMERIE Francisque ALLOMBERT

18, Rue Lalande, 18

1900

À ma Mère

BIBLIOGRAPHIE

Aucoc. — Traité des sections de communes.

Aucoc. — Droit administratif.

Baudrillart. — Code forestier.

Baudry-Lacantinerie. — Précis de droit civil.

Becquet. — (14 premiers volumes) Répertoire de droit administratif.

Block. — Dictionnaire de l'Administration française.

Bouquet de la Grye. — Le régime forestier appliqué aux bois des communes.

Bulletin du Ministère de l'Intérieur.

Bulletin de la Direction générale des Forêts.

Bulletin des Lois.

Dalloz et Vergé. — Code forestier.

Dalloz. — Jurisprudence générale.

Dalloz. — Recueil périodique.

Demolombe. — Cours de Code Napoléon.

Ducrocq. — Cours de droit administratif.

Guyetant. — Traité de l'affouage.

JOURNAL OFFICIEL.

JOURNAL DU PALAIS.

LAFERRIÈRE. — Cours de droit public et administratif.

LAFERRIÈRE. — Traité de la juridiction administrative
            et des recours contentieux.

LAURENT. — Principe du code civil.

MALLET. — De l'affouage.

MARQUISET — Manuel de l'usage dans les bois commu-
            naux.

MEAUME. — Des droits d'usage dans les forêts, de
            l'administration des bois communaux
            et de l'affouage.

MIGNERET. — Traité de l'affouage dans les bois commu-
            naux..

MORGAND. — La loi municipale.

PROUDHON. — Traité des droits d'usage.

RECUEIL DES ANCIENNES LOIS FRANÇAISES.

RECUEIL { DES ACTES ADMINISTRATIFS. (Ain, Jura, Doubs
         { DES DÉLIBÉRATIONS DU   {   et
         { CONSEIL GÉNÉRAL.....   (Haute-Saône

REVUE GÉNÉRALE D'ADMINISTRATION.

ROUSSET. — Dictionnaire des forêts.

SERRIGNY. — Questions de Droit administratif.

DIVISION

INTRODUCTION

TITRE PREMIER — NOTIONS GÉNÉRALES

CHAPITRE PREMIER. — Origine et Historique du Droit
d'affouage.

1ʳᵉ Période, avant 1669. — Loi salique. — Loi des
Burgondes. — Capitulaires. — Origine de la propriété
communale forestière et du droit d'affouage. — Ordonnances du XVIᵉ siècle.

2ᵉ Période, de 1669 à la Révolution. — Ordonnance
de 1667. — Difficultés d'application. — Multiplicité des
coutumes relatives à l'affouage.

3ᵉ Période. — Jusqu'au Code forestier. — Décrets du
14 Août 1792, du 10 Juin 1793. — Loi du 26 Nivôse an II.
Arrêté du 19 Frimaire an X.

4ᵉ Période. — Depuis le Code forestier. — Lois de 1837,
du 25 Juin 1874, du 23 Novembre 1883, du 23 Juin 1898.

CHAPITRE II. — Définition du droit d'affouage.

Importance pratique de la détermination de la nature
du droit. — Définition. — Le droit d'affouage est un droit

réel et immobilier. Ce n'est pas un droit de société, de propriété, d'usage, d'usufruit, ni une servitude réelle, mais un droit d'une nature particulière.

CHAPITRE III. — Comparaison du Droit d'affouage et du Droit d'usage forestier.

Analogie de ces deux droits. — Origine commune. — Caractère de droit réel et immobilier. Indivisibilité et incessibilité. — Étendue de ces droits. — Parties prenantes. Comparaison des deux droits au point de vue de leur acquisition, de leur exercice, de leur extinction. — Cantonnement.

CHAPITRE IV. — Droit comparé.

Raisons qui donnent au droit d'affouage un caractère essentiellement particulier. — Angleterre. Allemagne. Suisse. Luxembourg.

—————

TITRE II. — CONDITIONS LÉGALES D'APTITUDE AU DROIT D'AFFOUAGE

—————

CHAPITRE PREMIER. — Généralités. — Titre contraire.

Que faut-il entendre par « titres contraires » ?

CHAPITRE II. — Nationalité.

Systèmes antérieurs à la loi de 1874. — Systèmes de la Cour de Colmar, de la Cour de Cassation, système mixte. — Loi de 1874. — Effet de l'autorisation accordée à l'étranger d'établir son domicile au point de vue de l'affouage.

CHAPITRE III. — **Qualité de Chef de Famille ou de Maison.**

Egalité des sexes, situation des célibataires, des prolétaires. — Habitation distincte. — Personnes vivant à une table commune. — Profession distincte. — Intérêts séparés. — Propriété divisée.

CHAPITRE IV. — **Domicile.**

Le domicile affouager est-il distinct du domicile du code civil ? Différence avec le domicile de secours. — Que faut-il entendre par domicile « réel et fixe » ?

CHAPITRE V. — **Du droit à l'affouage dans certains cas particuliers.**

1° Cas où le doute résulte de la situation de famille des prétendants droit. — Mineurs. — Mineurs émancipés. — Interdits. — Femme mariée. — Femme vivant séparée de son mari. — Femme séparée de corps ou divorcée. — Femme dont le mari est absent. — Femme dont le mari est interné dans une maison d'aliénés. — Père ayant fait un partage de ses biens.

2° Cas où le doute résulte de la situation sociale des prétendants droit. — Fonctionnaires, Curés, Desservants. — Militaires, Gendarmes, Douaniers. — Voyageurs de commerce. — Domestiques, Ouvriers. — Fermiers, Métayers. — Fromagers.

___

TITRE III. — OBJET DU DROIT D'AFFOUAGE

___

CHAPITRE PREMIER. — **Détermination de la portion de bois à distribuer en nature.**

Contrôle de l'État. Régime forestier. — Aménagement. Coupes ordinaires. — Recouvrement par l'État des frais supportés par lui à l'occasion de la tutelle exercée sur le domaine communal forestier.

TITRE IV. — EXERCICE DU DROIT D'AFFOUAGE

CHAPITRE PREMIER. — **Du rôle d'affouage.** — **Du moment où il faut justifier des conditions requises pour pouvoir réclamer son inscription.**

CHAPITRE II. — **Exploitation de la coupe.** — **Façonnage — Dénombrement et lotissement.** - **Tirage et livraison des lots.**

Loi du 23 Juin 1898. – Rôle des Entrepreneurs et leur responsabilité.

CHAPITRE III. — Taxe d'affouage.

Recouvrement par la commune des frais supportés par elle. — Loi du 17 août 1828. — Décisions ministérielles, lois de 1837 et de 1884. — Bases d'établissement de la taxe. — Contrôle de l'autorité supérieure. — Recouvrement. — Comparaison avec les contributions publiques. — Effet du non-paiement.

TITRE V. — PERTE DU DROIT D'AFFOUAGE

CHAPITRE PREMIER. — **Conditions dans lesquelles l'affouagiste peut perdre son droit.**

Perte absolue, perte relative, déchéance, prescription extinctive.

CHAPITRE II. — **De l'influence des modifications de divisions administratives au point de vue du droit d'affouage.**

Réunion de deux communes. — Distraction et rattachement d'une section de commune. — Démembrement territorial.

TITRE VI
COMPÉTENCE EN MATIÈRE D'AFFOUAGE

Importance de la question. — Historique. — Difficultés qui peuvent s'élever. — Parties en cause. — Juridictions compétentes. — Arrêté du Tribunal des conflits du 4 juillet 1896.

CONCLUSION

Actualité de la question. — Projets de loi et vœux des Conseils généraux. — Diminution de la tutelle de l'État — Établissement d'un régime de droit commun. — Domicile et résidence habituelle.

ÉTUDE

SUR

LE DROIT D'AFFOUAGE

INTRODUCTION

Suivant l'expression de M. Chaumontel (1), « l'article 116 du code forestier règle le régime intérieur des forêts communales en ce qui concerne la distribution entre les habitants des bois d'affouage et de construction ». Ce régime fera l'objet de cette étude.

Elle présente, en premier lieu, un intérêt particulier au point de vue pratique, en raison de la multiplicité des procès relatifs à des questions d'affouage. « L'article 105, disait M. Serrigny, est, « sans contredit, dans toute notre législation, celui « qui a fait naître le plus grand nombre de procès ».

(1) Rapport au Sénat, séance du 7 juillet 1883.

Depuis l'époque où cette phrase fut écrite, le texte
de l'article 105 a été modifié ; mais il ne semble pas
que le nombre des contestations en pareille matière
ait beaucoup diminué. Dans certains départements
forestiers, il n'est pas exagéré de dire qu'actuellement la dixième partie au moins des affaires inscrites au rôle du Conseil de Préfecture se compose
d'affaires d'affouage.

On peut soutenir que la fréquence de ces difficultés est due à la nature même d'un droit indivis
entre des personnes composant la même agrégation
locale et dont chacune est jalouse de jouir au même
titre que son voisin.

Peut-être aussi doit-on attribuer à l'imprécision
des textes qui régissent ce sujet et aux hésitations
de la jurisprudence la facilité avec laquelle les
prétendants au droit d'affouage intentent des procès.
Lors même que ceux-ci étaient soumis aux tribunaux ordinaires et que les frais dépassaient souvent
le bénéfice qui pouvait résulter de l'inscription au
rôle, cette considération ne suffisait pas à arrêter
les réclamants qui croyaient voir dans le texte
même de la loi la justification de leur prétention.
A la vérité, si le législateur de 1883 s'est préoccupé
« de faire disparaître les abus et de mettre toutes
« les communes de France sous une règle uni-
« forme » peut-être n'a-t-il pas précisé les conditions
d'aptitude au droit d'affouage avec une netteté

sufisante pour éviter toute contestation à l'avenir.

Il reste donc quelque chose à faire dans ce sens, et, après avoir examiné les difficultés qui se présentent le plus souvent devant les tribunaux au sujet de l'application de la loi de 1883, nous étudierons les projets et propositions de lois qui sont actuellement déposés à la Chambre. Nous rechercherons les réformes législatives qu'il pourrait être utile d'introduire.

A côté de l'intérêt pratique qui vient d'être signalé, cette étude présente celui qui s'attache à toutes les questions relatives à la propriété communale. Celle-ci forme, en France, la onzième partie du territoire et les bois des communes et des établissements publics couvrent, à eux seuls, 2.058.729 hectares (1). « Les bois qui appartiennent aux communes, disait « déjà en 1827 M. le comte Roy, dans son rapport à « la Chambre des Pairs, occupent environ un tren- « tième du territoire entier de la France et forment « à peu près le tiers des bois qui en couvrent le « sol ».

Ce serait assurément sortir du cadre de ce travail que de rechercher la solution des différents problèmes qui ont été soulevés au sujet de la propriété communale.

(1) Voir *Revue générale d'Administration*, 1881, t. 2, page 271.

Toutefois, en faisant l'historique du droit d'affouage, en cherchant à déterminer comment est né ce droit, nous serons nécessairement amené à nous demander quelle est l'origine du domaine forestier communal, c'est à dire d'une partie importante de la propriété des communes. Déjà au XVIIIᵉ siècle, ce fut là un sujet qui préoccupait les auteurs et toute une école soutenait, avec Voltaire, qu'il fallait voir en celle-ci la propriété primordiale, seule existante au début. Au XIXᵉ siècle, de nombreux auteurs et notamment Proudhon, dans son *Traité des Usages,* ont repris cette théorie généralement d'ailleurs abandonnée aujourd'hui, ainsi que nous aurons l'occasion de le dire.

En étudiant les différentes controverses soulevées au sujet de la nature juridique du droit d'affouage et en examinant les conséquences pratiques auxquelles aboutit l'adoption de tel ou tel système, nous rechercherons de même incidemment quel est le droit de la commune d'une part, des habitants de l'autre, sur les bois communaux.

Enfin, dans notre société basée sur la propriété individuelle, le droit d'affouage qui fait participer les habitants d'une agrégation locale aux produits d'une source de richesse qui n'appartient, du moins exclusivement à aucun d'eux, a un caractère tout particulier. Son étude présente un intérêt plus spécial à une époque où certains affirment que la propriété individuelle a fait son temps et que l'heure 'est venue de trouver un régime économique dans lequel le droit de chacun aux produits de la terre serait proportionné à ses propres besoins.

Dans la conclusion de ce travail, nous examinerons les avantages et les inconvénients du droit d'affouage considéré comme mode de participation des habitants à une richesse indivise et sans, bien entendu, approfondir cette controverse, il nous faudra dire quels arguments peuvent tirer de l'état de choses existant ceux qui souhaitent une extension considérable de la propriété communale. Nous mettrons ces arguments en balance avec ceux des adversaires résolus de cette propriété qui proposent de la supprimer totalement.

De nombreuses études ont été faites sur le droit d'affouage. Nous aurons souvent l'occasion de faire allusion à l'ouvrage de M. Meaume sur *Les Droits d'usage dans les Forêts, l'Administration des Bois communaux et l'Affouage,* et au *Traité de l'Affouage dans les Bois communaux,* de M. Migneret. Mais depuis le moment où ont été faites ces études, la loi de 1874 et surtout celle de 1883 ont précisé les conditions d'aptitude au droit d'affouage et modifié les règles du partage des coupes affouagères. La loi de 1884 a remplacé celle de 1837 sur l'organisation municipale, apportant ainsi quelques changements dans le mode d'exercice du droit ; un important arrêté du Tribunal des Conflits de 1896 a fixé définitivement la compétence en matière de contestations relatives à l'affouage. Enfin, une loi récente du 23 juin 1898 a modifié les conditions dans lesquelles sont exploitées les coupes de bois communaux destinées à être partagés entre les habitants.

Nous étudierons tout d'abord l'origine du droit d'affouage. Nous tenterons d'en déterminer la nature et l'objet, de fixer les personnes qui peuvent y prétendre et les conditions dans lesquelles elles l'acquièrent, l'exercent ou le perdent.

Enfin nous rechercherons les réformes législatives qui pourraient faciliter l'exercice de ce droit.

TITRE PREMIER

NOTIONS GÉNÉRALES

CHAPITRE Ier

Origine et historique du droit d'affouage

L'historique du droit d'affouage peut se diviser en quatre périodes :

1° Avant 1669 ;

2° De 1669 à la Révolution ;

3° Pendant la Révolution et jusqu'au Code forestier ;

4° Depuis le Code forestier.

PREMIÈRE PÉRIODE
(Avant 1669)

Jusqu'à la fin du treizième siècle, il n'existe aucun texte s'appliquant, d'une manière spéciale, aux droits que pouvaient avoir les habitants sur des forêts appartenant à la communauté.

La loi Salique, dans la partie consacrée aux forêts (1), se contente d'établir des peines consistant généralement en amendes pour les délits qui pouvaient être commis dans les bois. La loi des Burgondes est plus intéressante au point de vue qui nous occupe ; s'inspirant de ce principe que le refus d'exercer l'hospitalité est considéré comme un fait punissable, elle décide que chacun peut, dans la forêt d'autrui, disposer du mort bois ou du bois mort gisant et prendre même ce qui lui est nécessaire pour son chauffage ou pour des constructions.

Les capitulaires de 800 et de 819 ne sont, en réalité, qu'un ensemble de dispositions applicables seulement aux forêts du Prince et ne sauraient être considérés comme un règlement général concernant les bois.

On ne peut donc, en étudiant cette période, que chercher à déterminer la véritable origine du droit d'affouage communal.

Certains, avec Proudhon, ont voulu la voir dans l'existence d'une propriété communale primordiale dont il serait un vestige. Il ne semble pas douteux, a-t-on dit, que la propriété collective a existé anté-

(1) Chapitre 8 *de furtis arborum*.

rieurement à la propriété individuelle. D'ailleurs, en ce qui concerne les bois, le texte de la loi Burgonde qui, à plusieurs reprises, parle des *sylvæ communes* prouve que ces bois appartenaient d'une manière indivise aux communautés.

Cet argument a, en réalité, peu de valeur. Il est vraisemblable, à la vérité, que, dans les sociétés primitives, la propriété collective a précédé la propriété individuelle. Mais, dans l'étude de toutes les questions relatives à l'évolution de la propriété en France, il faut tenir compte d'un fait capital : la féodalité. Pendant plusieurs siècles, en vertu d'une fiction, le seigneur fut considéré comme ayant été, à l'origine, propriétaire de tous les biens situés dans le ressort de sa souveraineté. Il faudrait, dans ces conditions, voir dans le droit d'affouage — qui s'est constitué bien postérieurement à l'établissement de la féodalité — non un vestige mais, pour ainsi dire, une réminiscence, après plusieurs siècles, de la propriété collective primordiale et il faut avouer que l'hypothèse est, tout au moins, invraisemblable. L'emploi des mots *sylva communis* dans les anciens textes ne suffit pas à la justifier. Cette expression de la loi Burgonde indique simplement que tous pouvaient, du moins dans une certaine mesure, participer aux produits des forêts. Mais celles-ci ne sauraient être considérées comme ayant été communales à une époque où le régime municipal, à peine ébauché dans les villes, était absolument inconnu dans les populations rurales.

L'origine du droit d'affouage nous paraît beaucoup plus simple. Au début, le territoire était couvert d'immenses forêts. Celles-ci, envahissant le sol, ne permettaient aux agglomérations naissantes, ni de s'étendre, ni de faire fuctifier la terre. Les bois dépérissaient et ne procuraient à leurs propriétaires que peu d'avantages, faute de bras et de débouchés (1). La situation était telle qu'on a pu supposer, se basant à tort sur le mot *deforestare*, que le capitulaire de 819 avait prescrit une sorte de défrichement général.

On comprend dès lors l'intérêt considérable qu'avaient les seigneurs à attirer, sur le sol, des habitants qui restituaient à la culture des terres jusque là stériles. Aussi accordèrent-ils, dans ce but, les avantages les plus larges à ceux qui venaient s'y installer. Ils stipulèrent notamment en leur faveur des droits d'usage à concéder gratuitement dans leurs forêts.

Parfois ces droits d'usage étaient très étendus et allaient jusqu'à la faculté « de prendre des bois

---

(1) On peut citer comme preuve de la faible valeur des bois à cette époque le cas d'un seigneur qui « en échange d'une paire « de bottes donna 24 arbres sapins à choisir dans sa montagne « de Montréal. » *(Archives de l'Ain)*.

« tant pour leur chauffage, pour la bâtisse, répara-
« tion de bâtiments et à vendre à leur bon
« plaisir (1). »

Le roi, de son côté, auquel semble avoir été
reconnu une sorte de droit d'usage (2), peu exercé
d'ailleurs, sur toutes les forêts, avait concédé sur
les bois de la Couronne de nombreux droits.
Certaines de ces concessions avaient été faites
dans les mêmes conditions que celles accor-
dées par les seigneurs sur leurs propres bois ; les
autres, par suite de circonstances spéciales et à
titre temporaire, comme le droit accordé en 1371
aux habitants de Fleurence (Guyenne) de prendre
pendant cinq ans pour leur usage du bois mort
dans une forêt royale.

Peu à peu, les conditions économiques chan-
gèrent et les bois prirent une valeur qu'ils n'avaient
pas auparavant. D'autre part, les droits d'usage
concédés libéralement sur les bois avaient engendré
de nombreux abus et des déprédations multiples.
Le roi et les seigneurs trouvèrent que l'exercice de
ces droits entraînait pour eux un dommage

(1) Sentence arbitrale de 1309 sur les droits concédés par
l'abbaye de Meyriat aux habitants de Brénod. *(Archives de
l'Ain).*

(2) « Votre Majesté, disaient les syndics du pays de Gex dans
« une supplique, sera toujours la maîtresse absolue des bois du
« pays si l'on peut y en trouver de convenables pour l'exécution
« de ses desseins ».

considérable. L'ordonnance de 1515 est déjà l'indice
de cet état d'esprit et l'édit de 1597 rendu à Rouen
par Henri IV le montre encore plus nettement.
« Considérant, dit-il, que les grands dégâts et ruines
« des forêts de notre royaume..... procèdent princi-
« palement..... de l'extrême quantité d'usages et
« chauffages qu'il y en a icelles et des délits, abus
« et malversations qui s'y commettent..... »

Il existait deux moyens de mettre fin à ces abus.
L'un, employé par l'Edit de Rouen, que nous
venons de citer, était la révocation de tous les
droits d'usages concédés postérieurement à une
certaine date. L'autre, — et c'est celui qui fut
adopté en général par les seigneurs, — consistait
à affranchir l'ensemble des forêts, des droits
d'usage concédés antérieurement, quitte à abandonner aux habitants, sinon la toute propriété, du
moins la jouissance à peu près absolue d'une
partie de ces forêts.

Il n'est pas tout à fait exact de dire qu'un
domaine communal forestier se trouvait dès-lors
constitué. Les anciens propriétaires n'avaient pas
en effet complètement renoncé à leur droit et, pour
bien marquer l'existence de celui-ci, ils avaient eu
soin de se réserver « le droit de triage », c'est-à-
dire la faculté de prélever dans les forêts, dont les
produits étaient abandonnés aux habitants, une
part plus considérable qu'aucun de ceux-ci.

Les abus antérieurs cessèrent, en général, car
ceux qui les commettaient se trouvaient empêchés
de les continuer par l'intérêt qu'ils avaient à ne pas
détruire une chose dont ils devaient être appelés à
recueillir les fruits successifs et qu'ils considéraient
presque, par le fait même, comme leur appartenant.
D'autre part, par suite de la limitation de son objet,
le droit des habitants se trouva sinon modifié dans
sa nature, du moins précisé. Nettement reconnu, il
cessait d'avoir le caractère d'une simple tolérance.

Les seigneurs négligèrent bientôt d'ailleurs
d'exercer le droit de triage qui leur était inutile, le
produit des bois dont ils avaient conservé la
propriété et la jouissance exclusive étant plus que
suffisants pour leurs besoins.

Les habitants eurent ainsi la jouissance absolue
de certains bois et, lorsque peu à peu les communautés se constituèrent, même dans les campagnes,
avec un patrimoine et des droits propres, on finit
par considérer ces bois, dont les seigneurs n'avaient
jamais cependant abandonné la propriété, du moins
formellement, comme constituant un domaine
communal.

Le droit d'affouage tel que nous l'entendons,
exercé par les habitants, non plus sur la chose
d'autrui mais sur un bien appartenant à la communauté prit, dès lors, la place des anciens droits
d'usage.

Tel est, à notre avis, sa véritable origine.

La plupart des ordonnances forestières du xive et du xve siècles présentent peu d'intérêt, au point de vue de notre sujet. Elles sont généralement relatives à l'organisation des maîtrises des eaux et forêts.

Les ordonnances de François Ier, au contraire, contiennent de nombreuses dispositions qui furent reproduites par celle de 1669. L'ordonnance de 1515, notamment, contient diverses règles relatives à la police des usages (1). L'ordonnance de 1545 est particulièrement importante en ce qu'elle étend « non seulement aux forêts royales mais encore à « tous les autres bois du royaume la surveillance « des Officiers des Eaux et Forêts. »

Un édit de 1561 ordonna de mettre en réserve pour croître en futaie le tiers de tous les bois qui n'appartenaient pas aux seigneurs et un autre édit d'août 1573 fixa au quart seulement la portion à réserver.

Bien que ces édits n'aient pas été observés, ils sont intéressants en ce qu'ils posaient une série de

---

(1) Art. 46, 47 et 50. — Cette ordonnance intitulée : « De la « connaissance des procès en matière d'eaux et forêts et création « de six conseillers à la Table de marbre », décide dans son article 1er que « les prétendants droits, tant sur les fonds « d'iceux, qu'usage, pasturage, pascage ou autre droit, ou « servitude en iceux, seront justiciables, tant en demandant « qu'en défendant par devant le maistre particulier des eaux et « forêts. »

règles qui furent reproduites par l'ordonnance de 1669 et se sont, pour la plupart, maintenues depuis.

DEUXIÈME PÉRIODE
(De 1669 à la Révolution)

Ces diverses ordonnances et ces nombreux édits étaient restés impuissants à faire disparaître tous les abus. « Louis XIV voulut y mettre un terme; la sûreté de l'Etat exigeait une marine puissante et sa prospérité demandait un grand commerce maritime. Il fallait pouvoir remplir ces objets, sans avoir recours à l'étranger intéressé lui-même à n'en pas fournir les moyens. Ces grandes vues amenèrent l'ordonnance de 1669 » (1). Celle-ci a pu être qualifiée par M. Favard de Langlade (2) « Un monument remarquable du règne d'un grand roi. »

L'ordonnance de 1669 consacre son titre XXV aux « bois.... et autres biens appartenant aux com- « munautés et habitants des paroisses ». Elle décide, dans l'article 2 de ce titre, que « le quart de ces

---

(1) Rapport fait à la Chambre des pairs par M. le Comte Roy, séance du 8 mai 1827.

(2) Rapport à la Chambre des députés, séance du 12 mars 1827.

« bois communs sera réservé pour croître en futaie
« dans les meilleurs fonds et lieux plus com-
« modes ». En ce qui concerne les coupes, l'article
11 se borne à déclarer qu'elles seront « distribuées
« suivant la coutume et, qu'en cas de plainte ou
« contestation sur le partage ou distribution le
« grand maître y pourvoira ».

Bien que l'ordonnance n'ait ainsi touché en rien
aux anciennes coutumes, elle ne fut pas accueillie
sans protestation. On s'éleva surtout contre les
décisions royales qui réglèrent l'application de l'ordonnance et, notamment contre l'édit de 1715, qui
avait ordonné que les officiers du Roi exerce-
raient sur les forêts des communautés la même
juridiction que sur celles de sa Majesté. Les diverses
ordonnances des grands maîtres des Eaux et Forêts
et des « Commissaires pour la réformation géné-
« rale des bois » institués dans chaque province
provoquèrent de la part des communautés des réclamations dans lesquelles elles (1) « remontraient
« à Sa Majesté que les habitants étaient frappés
« des tristes conséquences qu'emporteraient l'exé-
« cution des ordonnances ». Elles objectaient « les
« privilèges dont les pays avaient toujours joui »
et « la possession où étaient les communautés
« d'user de leurs bois avec entière liberté ». Ces

(1) Protestation des Syndics du Pays de Gex.

protestations durèrent jusqu'au milieu du xviiie siècle et si la royauté n'y fit pas droit, il semble néanmoins qu'elles l'empêchèrent d'aller plus loin dans la voie de règlementation des forêts communales. Il est donc impossible de trouver trace, sous l'ancien régime, d'une règle uniforme relative à l'affouage, si ce n'est en Lorraine où les ducs souverains essayèrent au xviiie siècle d'en introduire une.

D'une façon générale, le mode de partage des coupes affouagères variaient suivant les provinces et, dans les provinces, suivant les communes. Il avait lieu tantôt par feu, tantôt par tête. Dans certaines régions, l'affouage était réparti au marc le franc des impositions et les futaies d'après le toisé des maisons. Parfois certaines catégories de personnes avaient droit à une part privilégiée en raison de leur situation, de leur rang ou de leur naissance. Les célibataires et les veufs étaient également soumis à des règles spéciales d'après certaines coutumes. On peut donc dire qu'il n'exista jamais, sous l'ancien régime, de réglementation générale ni même de système de droit commun en matière de distribution des bois d'affouage.

TROISIÈME PÉRIODE

(Pendant la Révolution et jusqu'au Code forestier)

Sous la Révolution, les modifications apportées dans la division de la propriété, la tendance nouvelle à l'unification, enfin l'accroissement subit de la propriété communale devaient amener l'Assemblée législative, puis la Convention à tenter de réglementer celle-ci. Le décret du 14 Août 1792 décida que « tous les terrains et usages communaux se- « raient partagés entre les citoyens de chaque « commune », mais stipula en même temps que les bois devaient rester en dehors de ce partage. Rien n'était d'ailleurs fixé à leur sujet.

La question se posa alors de savoir comment se ferait le partage des coupes et si l'on adopterait comme base de ce partage le principe par tête ou par feu. Le 10 juin 1793, un décret décidait (1) que « le partage des biens communaux serait fait « par tête d'habitant domicilié, de tout âge et de « tout sexe, absent ou présent ». Ce texte ne faisait, à la vérité, pas allusion au partage des produits, mais il semblait qu'à celui-ci dut être appliqué dès lors le principe du partage par tête admis en ce qui concernait la propriété.

(1) Décret du 10-11 juin 1793, section II, article 1er.

La loi du 26 nivôse an II décida en effet que
« les bois actuellement coupés provenant des biens
« communaux » devaient « se partager par tête,
« conformément au décret du 10 juin 1793 ». Cette
loi, dont le texte semblait limiter la portée au présent,
ne fut d'ailleurs pas appliquée dans toutes les régions et beaucoup conservèrent leurs anciens
usages relatifs au partage. Mais un arrêté des Consuls
du 19 frimaire an X décida en termes plus précis
que « le partage des bois communaux d'affouages,
« autres que les futaies, dans le département de la
« Haute-Saône (1) et dans tous ceux où l'affouage
« a lieu, se ferait par tête d'habitant ».

En présence des difficultés que rencontrait l'application de la loi du 26 nivôse an II, ainsi interprétée, un décret impérial du 9 brumaire an XIII
autorisa les communautés d'habitants qui ne
l'avaient pas appliquée à continuer de jouir de
leurs biens communaux, suivant le mode actuellement en usage.

Ce décret ne spécifiait rien en ce qui concernait la répartition de l'affouage, mais il servit de
prétexte aux communes pour ne pas se conformer à l'arrêté du 19 frimaire an X. D'ailleurs
deux avis du Conseil d'État, l'un du 20 juillet 1807,

(1) Cet arrêté des Consuls avait été rendu à la suite des
réclamations soulevées par un arrêté pris par le représentant
du peuple Saladin dans la Haute-Saône.

l'autre du 26 avril 1808 (1) rendus par forme d'interprétation de la loi de 1793, approuvés par l'empereur et ayant force de loi, consacrèrent le principe du partage par feu de l'affouage.

Le droit intermédiaire se trouvait ainsi, après

(1) Voici le texte de cet avis du Conseil d'Etat. « Considérant que la loi du 10 juin 1793, loin de consacrer le partage du bois par tête d'habitants, excepte formellement les bois des dispositions qu'elle prescrit pour le partage des biens communaux.

Considérant, que la loi du 26 Nivôse an XI n'était relative qu'aux bois gisants et coupés à cette époque sans mesure ; mais qu'elle n'était point relative aux affouages ; que le décret du 19 frimaire, an X, contenait deux erreurs puisqu'on citait comme motifs pour déterminer le partage par tête, deux lois qui, loin de l'ordonner, exceptent les bois de ce mode de partage.

Considérant, qu'avant la Révolution, dans le ressort de quelques Parlements, l'influence des grands propriétaires avait fait décider les partages proportionnellement à l'étendue des propriétés ; que, depuis 1793, l'esprit de la Révolution avait porté le législateur à régler les partages par tête d'habitants ; que, jusqu'en l'an X, les lois avaient porté l'empreinte de ce système ; que depuis, le ministre avait proposé de revenir, à l'occasion de la commune d'Écrameville, au mode de partage en raison de l'étendue des propriétés, et qu'alors un décret du 20 juin 1805 décida que le partage des bois dont il s'agissait se ferait par feu.

Considérant enfin que, par ce décret du 20 juin 1805 et par celui du 20 juillet 1807, on est revenu au seul mode équitable de partage en matière d'affouage, puisqu'il proportionne les les distributions aux vrais besoins des familles sans favoriser exclusivement comme les deux autres systèmes, ou les propriétaires, ou les prolétaires, que d'ailleurs l'article 542 du Code ne laisse aucune distinction à faire entre les bois des communes et les autres biens communaux. »

avoir essayé d'établir le principe du partage par
tête, aboutir à la règle du partage par feu.

QUATRIÈME PÉRIODE
(Depuis le Code forestier)

C'est cette règle que consacra définitivement
l'article 105 du Code forestier de 1827. « S'il n'y a
titre ou usage contraire, » aux termes de ce texte, « le
« partage de l'affouage se fera par feu, c'est-à-dire
« par chef de famille ou de maison ayant domicile
« réel et fixe dans la commune ; s'il n'y a également
« titre ou usage contraire, la valeur des arbres pour
« constructions et réparations sera estimée à dire
« d'experts et payée à la commune ». « L'article 105,
disait le rapporteur, fixe le principe que le partage
des bois d'affouage doit s'exécuter par feu ; mais
si un mode différent est établi par un usage ou
une possession immémoriale équivalent à un titre,
il faut le respecter. »

La rédaction de l'art. 105 indique nettement
l'abandon de l'essai d'unification absolue que nous
avons signalé pendant le droit intermédiaire. La
législation, en effet, en établissant un régime de
droit commun, ne l'imposait qu'en l'absence d'usa-

ges anciens. Comme partout ceux-ci existaient, la base de partage posée par l'article 105 ne devait presque nulle part être en fait adoptée.

Un arrêt de la Cour de Cassation du 9 avril 1839 décida, il est vrai, qu'on ne pouvait admettre comme usages contraires ceux qui étaient en contradiction avec le principe de l'égalité entre les différents habitants d'une commune.

La loi de 1837, dans son article 17, attribua formellement au Conseil municipal le droit de régler les affouages en se conformant aux lois forestières.

En ce qui concerne l'admission des étrangers au partage de l'affouage, la loi du 25 juin 1874 modifia l'article 105 du Code forestier et décida que seuls les étrangers autorisés, conformément à l'article 13 du Code Civil, à établir leur domicile en France pourraient participer à l'affouage.

Mais, en laissant subsister les usages contraires, l'article 105 avait laissé place à de nombreux abus qui suscitaient des réclamations constantes dans les régions forestières, notamment dans le Sud-Est. Une proposition de loi déposée le 28 février 1879 et tendant à réformer plusieurs parties du Code Forestier ne put être déférée au Sénat avant la fin de la législature. En 1882, elle fut reprise, en ce qui concernait la modification de l'article 105 et adoptée, après modifications du Sénat, le 23 novembre 1883 (1).

Le trait principal de cette loi de 1883 est de ne plus faire allusion aux anciens usages et d'établir le partage par feu « s'il n'y a titre contraire ».

Nous en aurons fini avec cet historique sommaire du droit d'affouage quand nous aurons indiqué l'arrêt très important du Tribunal des Conflits, en date du 4 juillet 1896, aux termes duquel les Tribunaux administratifs ont été reconnus seuls

---

(1) Voici le texte de la loi de 1883. Article unique. L'article 105 du Code forestier est modifié ainsi qu'il suit :

« S'il n'y a titre contraire, le partage de l'affouage, en ce qui concerne les bois de chauffage, se fera par feu, c'est-à-dire par chef de famille ou de maison ayant domicile réel et fixe dans la commune avant la publication du rôle. Sera considéré comme chef de famille ou de maison tout individu possédant un ménage ou une habitation à feu distincte, soit qu'il y prépare la nourriture pour lui et les siens, soit que, vivant avec d'autres, à une table commune, il possède des propriétés divisées, qu'il exerce une industrie distincte ou qu'il ait des intérêts séparés.

« En ce qui concerne les bois de construction, chaque année, le conseil municipal, dans sa session de mai, décidera s'ils doivent être, en tout ou en partie, vendus au profit de la caisse communale ou s'ils doivent être délivrés en nature.

« Dans le premier cas, la vente aura lieu aux enchères publiques par les soins de l'administration forestière ; dans le second, le partage aura lieu suivant les formes et le mode indiqué pour le partage des bois de chauffage.

« Les usages contraires à ce mode de partage sont et demeurent abolis.

« Les étrangers qui rempliront les conditions ci-dessus indiquées, ne pourront être appelés au partage qu'après avoir été autorisés, conformément à l'article 13 du Code civil, à établir leur domicile en France ».

compétents pour statuer en ce qui concerne les conditions d'aptitude à l'affouage établies par l'article 105 du Code forestier.

Notons enfin que la loi de 1883 constitue seulement une partie d'une réforme plus importante. Elle en avait été détachée, pour ainsi dire à titre de préliminaire, mais l'ensemble du projet de loi n'a jamais été encore discuté. Depuis cette époque, une seule modification législative, celle de la loi du 23 juin 1898, que nous étudierons à propos du mode d'exercice du droit d'affouage, a été faite relativement à cette question.

CHAPITRE II

DÉFINITION DU DROIT D'AFFOUAGE

M. Meaume définissait, d'une façon générale, le droit d'affouage « un droit inhérent à la qualité « d'habitant et de chef de famille dans une « commune propriétaire de bois. »

Avant de discuter cette définition, il faut tout d'abord remarquer que, sous le nom d'affouage, on désigne souvent aussi le droit d'usage en vertu duquel on peut prendre du bois de chauffage dans la forêt d'autrui. On distingue alors ce droit qu'on appelle plus spécialement affouage réel de l'affouage communal qui fait seul l'objet de cette étude.

Nous nous contenterons en effet d'établir, dans le chapitre suivant, une comparaison entre le droit d'affouage communal et le droit d'usage forestier, sans examiner en détail les règles qui régissent ce dernier.

Les auteurs ont d'ailleurs appliqué le mot

3

d'affouage, soit à la portion de bois touchée par l'affouagiste, soit au droit lui-même et nous l'emploierons également dans l'un et l'autre sens.

Pour générale et exacte qu'elle soit, lorsqu'elle s'applique au droit d'affouage dans le sens restreint où nous l'entendons, la définition de M. Meaume n'en peut pas moins donner lieu à certaines critiques. On peut lui reprocher surtout de ne pas spécifier la nature juridique du droit et ce point a d'autant plus d'importance qu'on aboutit à des conséquences pratiques absolument différentes, suivant qu'on se rallie à l'un ou l'autre des nombreux systèmes soutenus à ce sujet par les auteurs.

Les hésitations de la jurisprudence entre ces divers systèmes que nous discuterons s'expliquent précisément par ce fait que la question n'a pas un intérêt exclusivement théorique, mais aussi une importance pratique.

Jusqu'à la loi de 1874, qui a fixé définitivement la situation des étrangers relativement au droit d'affouage, on réglait leur droit à ce point de vue d'une manière différente — nous le verrons plus loin — suivant qu'on considérait l'affouage comme ayant son principe dans un droit de société, de propriété, de jouissance ou dans une servitude réelle. Actuellement encore, la question présente de l'importance au point de vue des causes qui peuvent entraîner la perte du droit d'affouage. Les conditions d'exercice du droit, en ce qui concerne notamment le mode de recouvrement des frais d'entretien qui contituent une charge de la forêt, doivent varier, suivant qu'on considère ou non les affouagistes comme les véritables propriétaires de celle-ci.

A notre avis, on peut définir le droit d'affouage : un *droit réel, immobilier, d'une nature particulière, en vertu duquel les habitants d'une commune, propriétaire de bois, participent aux produits de ceux-ci, sous la réserve de remplir les conditions légales et dans certaines limites.*

En essayant de justifier cette définition, nous examinerons les systèmes qui diffèrent du nôtre et nous discuterons les diverses théories qui ont été soutenues au sujet de la nature juridique du droit d'affouage.

Celui-ci constitue, en premier lieu, disons-nous, un droit réel et un droit immobilier. Sur ce second point, il ne semble pas qu'on puisse hésiter. L'objet du droit n'est pas le lot qui revient à chaque affouagiste, mais bien la forêt communale elle-même.

Le seul avantage que puisse tirer du droit d'affouage son titulaire, consiste, il est vrai, à recueillir périodiquement une portion de bois coupé, c'est-à-dire un meuble. Mais il en est de même en général pour l'usufruitier d'un immeuble, dont le droit est pourtant indiscutablement immobilier.

Il faut remarquer toutefois, qu'à la différence de l'usufruit, le droit d'affouage, bien qu'immobilier, n'est pas susceptible d'hypothèque. Il n'est pas compris, en effet, dans l'énumération limitative des articles 2118 et 2204 du Code civil et cette différence tient à la nature même de l'objet du droit d'affouage qui s'exerce sur une portion du domaine communal privé, lequel n'est pas susceptible d'hypothèque (1).

En disant, d'autre part, que c'est un droit réel, nous n'entendons nullement soutenir que, suivant les termes d'un arrêt de la Cour de Cassation du 11 mai 1838 (2), ce droit existe « pour l'utilité des maisons et héritages de la commune ». S'il en était ainsi, il pourrait être assimilé à une servitude réelle et constituerait un rapport entre l'habitant, détenteur du fonds dominant et le bois communal, fonds servant. Nous verrons que cette assimilation n'est pas possible. L'exercice du droit d'affouage n'est pas subordonné, en effet, à la condition d'être propriétaire d'un fonds et, dès lors, le rapport

(1) Nos lois administratives et notamment celle de 1884, art. 110, prévoient bien le cas où un créancier de la commune demande la vente des biens immobiliers communaux, même des bois soumis au régime forestier. (*Bulletin Intérieur* 1857, p. 24), mais elles n'autorisent pas l'hypothèque sur un bien communal.

(2) Voir Rousset, *Dictionnaire des Forêts*, au mot « affouage ».

n'existerait pas entre deux fonds, mais entre la forêt communale et le détenteur, non point d'un autre fonds, mais de la qualité d'habitant. Dans ces conditions, le droit d'affouage ne s'exerce pas « pour l'utilité des maisons et héritages de la commune » mais bien pour l'utilité d'un certain nombre de personnes déterminées, les ayants-droit. Il est temporaire, attaché à la personne du titulaire, il meurt avec lui, quelquefois même avant.

Nous entendons donc dire purement et simplement, en qualifiant le droit d'affouage de droit réel, qu'il n'existe pas d'intermédiaire entre le titulaire du droit et la chose qui en est l'objet.

Mais, même dans ce sens restreint, on a contesté qu'il ait ce caractère. Aux yeux de certains auteurs (1), il existe, au contraire, un intermédiaire entre l'affouagiste et l'objet de son droit, et cet intermédiaire serait la commune. Celle-ci, dit-on, est, aux termes de la loi du 10 juin 1793 (2), une société de citoyens unis par des relations locales, et, oubliant que cette loi, d'après son art. 4, n'est pas applicable aux forêts, on en conclut que les bois communaux constituent, dès lors, un fonds social, dont la commune, personne morale, serait pour ainsi dire le gérant. Ce serait, par conséquent,

(1) Voir notamment Meaume, Migneret, Dalloz et Vergé.
(2) Loi du 10 juin 1793, section I, art. 2.

comme membres de la société que les habitants pourraient participer au produit de ces bois.

C'est singulièrement étendre la portée du texte précité que de vouloir se baser sur ses termes pour soutenir que la commune constitue une sorte de société civile. En employant le mot de « société » pour désigner la commune, le législateur n'a vraisemblablement pas songé à poser un principe et s'est contenté de constater un fait. En tout cas, si on veut voir une définition dans la formule employée, celle-ci ne s'appliquerait, suivant l'expression de M. de Raynal (1), qu'à la « commune politique ».

Mais, supposons un instant que le droit d'affouage ne soit que la participation des habitants considérés comme associés aux produits du fonds social. La loi de 1793 qui, à défaut de contrat, aurait créé ou du moins reconnu l'existence de la société n'a nullement décidé, qu'exceptionnellement, dans celle-ci, certains associés seraient exclus des bénéfices. Il serait donc rationnel que, non seulement tous les chefs de famille domiciliés dans la commune, mais aussi les propriétaires, y résidant ou non, et même tous les habitants, sans aucune distinction, puissent prétendre aux avantages de la société, dont ils font partie. Tout au plus, pourrait-on exclure du partage

(1) Dalloz, 1863, I, 10.

ceux qui ne supportent pas les charges qui incombent aux « citoyens unis des relations locales ». A quel titre, en tout cas, pourrait-on priver de cet avantage la femme mariée, les enfants, qui, bien que n'ayant pas l'exercice des droits civils, n'en ont pas moins la jouissance de ces droits et doivent indiscutablement être considérés comme des citoyens dans le sens qu'on attribuerait à ce mot ?

A la vérité, ceux qui ont vu dans le droit d'affouage, un droit de société, ont surtout soutenu ce système parce qu'il n'était pas possible, à leur avis, de considérer ce droit comme un de ceux énumérés par l'art. 543 du Code civil. Il leur a paru qu'il devait dès lors constituer un droit personnel.

La conséquence n'est pourtant pas nécessaire. L'art. 543 ne comprend pas l'énumération de tous les droits réels, mais seulement des droits réels principaux.

De la place, d'ailleurs, qu'occupe dans le Code civil l'art. 542 et du seul fait que la loi fait allusion au droits acquis que peuvent avoir les habitants à la propriété ou au produit des biens communaux immédiatement avant d'énumérer les droits réels, il semble bien résulter que le droit d'affouage qui est un de ces droits acquis, est bien un droit réel, mais un droit réel distinct de ceux que la loi énumère ensuite.

Pour le contester, on est obligé d'y voir un droit

de société et nous avons indiqué les arguments qui nous font repousser ce système.

Il y a donc lieu, tout d'abord, de rechercher si le droit d'affouage est compris parmi les droits réels dont l'article 543 contient l'énumération. Faut-il, en d'autres termes, voir dans ce droit un droit de propriété, constitue-t-il un droit d'usufruit ou d'usage, est-ce une servitude réelle ? Chacun de ces systèmes est soutenu encore aujourd'hui.

Un arrêt de la Cour de Besançon du 8 mars 1893 (1) déclare que « le droit de l'affouage ne trouve son principe, en ce qui concerne les bois communaux, ni dans une servitude, ni dans le droit d'usage, mais qu'il dérive d'un droit de copropriété ». C'est également la thèse soutenue par certains auteurs (2). Pour eux, chacun des affouagistes est copropriétaire des forêts communales et c'est à ce titre qu'il exerce son droit.

L'argument que nous opposions au système, d'après lequel ce droit serait basé sur l'existence d'une société, conserve ici sa valeur. Le droit de copropriété, s'il existait, ne devrait-il pas appartenir

---

(1) Dalloz, 1894, t. II, p. 30. — Un arrêt antérieur de la Cour de Besançon du 22 août 1844 (Dalloz, 1844, table) déclare de même que « la participation à l'affouage constitue, au profit de celui qui le réclame, à raison de son habitation ou des bâtiments qu'il possède dans la commune où il se distribue, un droit de propriété totalement distinct de la jouissance des biens communaux ».

(2) Mallet, Traité de l'affouage.

à tous les habitants? Ne faudrait-il pas, tout au moins, un texte formel, pour supposer que les bois communaux sont la propriété d'un certain nombre seulement? Et, d'autre part, si l'on reconnaît que la propriété appartient à tous, comment admettre que les bénéfices en résultant soient réservés aux seuls affouagistes, c'est-à-dire à ceux des habitants qui se trouvent dans les conditions prévues par l'art. 105 du Code forestier?

En réalité, le droit d'affouage est absolument distinct du droit de propriété. Il en diffère en ce qui concerne l'acquisition du droit. Pour l'affouagiste, cette acquisition n'a pas lieu par un des modes prévus à l'artice 711 du Code civil, mais est subordonnée à la condition de remplir certaines conditions légales. De même, les événements qui entraînent la perte du droit varient suivant qu'il s'agit de l'affouagiste et du propriétaire. Mais la différence essentielle, c'est que l'affouagiste ne saurait disposer de la chose qui fait l'objet de son droit. Celle-ci, ainsi que nous l'avons dit, n'est pas le lot, la part qu'il est appelé à recueillir dans le produit du bois communal, mais le bois communal lui-même. L'affouagiste ne pouvant disposer de celui-ci, on ne peut soutenir qu'il exerce sur lui un véritable droit de propriété.

S'il était, d'autre part, copropriétaire indivis des forêts communales, il aurait — et ce serait la sanction de son droit de disposer — le pouvoir d'en demander le partage, nul n'étant forcé de rester dans l'indivision. Or, l'art. 92 du Code Forestier dit formellement que « la propriété des bois communaux ne peut jamais donner lieu à partage entre les habitants ». On ne saurait prétendre que cet article se contente de poser une dérogation au principe qui permet à chacun de s'affranchir de l'indivision. Il n'est pas possible de concevoir le droit de propriété ainsi limité. Pourrait-on dire, en effet, dans ces conditions, qu'en vertu de ce droit, la chose qui en est l'objet se trouve soumise d'une manière absolue et exclusive à la volonté d'une personne ? Si « la propriété des bois communaux ne peut donner lieu à partage entre les habitants », c'est donc que ceux-ci ne sont pas propriétaires de ces bois et, en réalité, que, seule, en a la propriété, la commune, considérée comme personne morale.

Cette théorie de la personnalité civile des communes a été contestée par de nombreux auteurs, notamment par M. Laurent. « Les hommes seuls, a-t-on dit, sont des personnes et seuls ont des droits ». Dès lors, ce serait à tort que l'on considérerait la commune comme une personne civile et il ne faudrait voir en elle qu'une simple institution publique. Bien que ce système ait trouvé récemment beaucoup de défenseurs, il ne

nous paraît pas admissible et nous ne saurions
entrer dans la voie de ceux qui, ainsi que le disait
Van der Heuvel (1) « ont osé porter la main sur la
vieille théorie de la personnalité civile ». Quelqu'ancienne qu'elle soit, cette théorie est une des
bases de nos lois administratives. Toutes supposent
l'existence de la personnalité civile de la commune.
On a pu hésiter à l'attribuer au département et
l'Assemblée Constituante avait pu la lui refuser.
Mais la commune diffère du département en ce
que cette dernière unité administrative, aussi bien
que l'arrondissement, est une création artificielle
de la loi, tandis que la commune, en tant qu'agré-
tion d'hommes unis par des relations de voisinage,
est antérieure à l'œuvre du législateur et n'a pas
été créée, mais seulement renonnue par lui.

Le droit d'affouage n'ayant pas pour base un
droit de propriété, on a voulu voir un droit d'usufruit dans le droit de l'affouagiste. On semble
oublier ainsi que celui-ci peut être privé de tout
ou partie du produit des coupes, quand la situation financière et les besoins de la commune
l'exigent. Peut-on dire, dans ces conditions, de lui,
comme de l'usufruitier, qu'il a, suivant les termes
de l'art. 582 du Code civil « le droit de jouir de
toute espèce de fruits, soit naturels, soit industriels,

(1) Voir Mallet. *Traité de l'affouage (loco citato).*

soit civils, que peut produire l'objet ». D'ailleurs, au point de vue tant de l'acquisition que de la perte, le droit d'affouage se distingue de l'usufruit. Il n'entraîne pas, comme ce dernier, l'obligation de fournir un cautionnement, le paiement de la taxe avant l'enlèvement du lot n'ayant à aucun degré le caractère de caution. L'assimilation ne saurait donc être faite.

Elle ne saurait exister non plus avec le droit d'usage personnel, car il existe entre ce dernier droit et celui de l'affouagiste une différence capitale. Un des caractères du droit d'usage, c'est que, quiconque exerce ce droit ne peut exiger que la portion des fruits produits par ce fonds qui est nécessaire pour satisfaire ses besoins et ceux des siens, à moins de dispositions contraires, expressément inscrites dans le titre constitutif.

Or, dans le droit d'affouage, la limitation de la jouissance des ayants-droit, lorsque la totalité du produit des bois ne leur est pas répartie, est déterminée par la nécessité d'affecter le surplus à une autre destination et non par le fait qu'une partie de ce produit suffit aux besoins des affouagistes. Ce n'est donc pas de ceux-ci qu'on tient compte alors, mais bien plutôt des besoins du propriétaire, c'est-à-dire de la commune, pour fixer la part des ayants-droit.

Peut-on enfin définir le droit de l'affouagiste,

comme le faisait Proudhon (1), « un droit d'usage, servitude réelle, comme celui qui appartient à un particulier, pour son chauffage ou l'entretien de sa maison ». C'est également la théorie soutenue par M. l'Avocat Général de Raynal (2) lorsqu'il se proposait d'établir le droit des étrangers à l'affouage. « C'est, disait-il, au foyer de la famille rurale, au « fourneau, comme on disait autrefois, et dans l'intérêt de la culture, afin que les habitants soient attirés ou retenus sur le sol, que les distributions affouagères ont été attribuées » (3); et il en tirait cette conséquence qu'il fallait reconnaître « l'identité du droit d'usage et du droit d'affouage, quant à leur caractère juridique ». Assurément, il existe des rapports nombreux entre le droit d'usage forestier et le droit d'affouage. Ces rapports sont tels qu'il ne serait pas possible d'étudier celui-ci sans le comparer au premier. Nous avons déjà émis l'hypothèse que le droit d'affouage communal avait son origine précisément dans les droits d'usage antérieurement constitués. Mais, de

(1) Proudhon. *Traité des usages*, n° 905, p. 336.

(2) Dalloz. 1863. 1. 5. La Cour de Cassation, en reconnaissant, conformément aux conclusions de l'Avocat Général, le droit des étrangers, évita d'ailleurs, dans son arrêt, de se prononcer sur la nature juridique du droit d'affouage.

(3) Voir dans le même sens à ce sujet un arrêt précité de la Cour de Cassation du 11 mai 1838.

ces analogies ou de ces rapports résulte-t-il qu'on puisse établir, entre ces deux droits, une assimilation complète ?

Il existe entre eux une différence absolue, et celle-ci, sur laquelle nous aurons l'occasion d'insister plus loin, est précisément relative à la nature juridique de l'un et de l'autre. Le droit d'usage, même concédé, non à quelques habitants, mais à tous les habitants d'une commune « *pluribus ut universis* » constitue une servitude réelle, et la meilleure preuve en est que, dans la plupart des cas (1), le constituant a pris soin, lors de la concession, de préciser nettement les immeubles auxquels il est attaché. Les habitants de ces immeubles exercent le droit, mais il est transmis par les maisons elles-mêmes qui en sont les véritables titulaires. Le droit d'usage existe donc bien — et c'est le caractère essentiel de la servitude réelle — « pour l'utilité d'un héritage ». Il constitue effectivement un rapport entre deux fonds ; un avantage au profit du fonds dominant correspondant à une charge incombant au fonds servant.

Dans le droit d'affouage, au contraire, si l'on considère la forêt communale comme le fonds

---

(1) Néanmoins, dans le Valromey, notamment, de nombreux usages étaient concédés « à descendance de famille ». Dans ce cas, ils n'avaient pas le caractère de servitudes réelles. (Voir Dalloz. Jurisprudence générale. Code forestier, p. 159.)

servant, où est le fonds dominant ? L'avantage qui résulte de ce droit profite, en effet, non à un fonds, mais à une personne, et il peut être acquis par celle-ci, dès lors qu'elle justifie d'un domicile et d'une habitation, sans qu'elle soit tenue de justifier qu'elle détient un fonds déterminé (1).

Il n'est donc pas possible de considérer le droit de l'affouagiste comme une servitude réelle. Comment dès lors le définir ? Comme nous l'avons déjà dit, la solution semble nettement indiquée par les termes de l'art. 542 du Code Civil. Avant de dire quels sont les différents droits réels, le législateur a pris soin d'indiquer que les biens communaux sont ceux, à la propriété ou aux produits desquels, les habitants d'une ou plusieurs communes ont un droit acquis. N'est-ce pas indiquer que les droits s'exerçant sur un bien communal, spécialement sur un bois (et le droit d'affouage est l'un d'eux), peuvent être des droits réels sans rentrer nécessairement dans la classification donnée par l'art 543 ? Il ne faut pas, en effet, oublier que cette classification est empruntée au droit romain, tandis que le droit d'affouage a son

____

(1) Il existait pourtant, en vertu d'un usage spécial, notamment en Franche-Comté, un droit d'affouage particulier, relatif au bois de construction, et qui semble avoir eu le caractère d'une servitude réelle. C'est l'usage du toisé dont nous parlerons plus loin.

origine dans l'ancien droit. « Son antiquité d'origine lui donne un caractère tout particulier qu'il conserve encore, malgré les variations de la législation » (1). Pourquoi ne pas reconnaitre, dans ces conditions, que c'est un droit réel, d'une nature particulière, en vertu duquel les habitants d'une commune propriétaire de bois participent au produit de ceux-ci, sous la réserve de remplir les conditions légales et dans certaines limites ? Pourquoi s'efforcer de le faire rentrer dans l'énumération des droits réels donnés par le Code Civil ou essayer de démontrer que, ne rentrant pas dans cette énumération, il constitue un droit personnel, un droit de société, par exemple. N'est-ce pas dans l'origine même du droit d'affouage qu'est l'explication de la nature de ce droit ? Celui-ci n'est assurément pas de droit naturel, comme le droit de propriété, et les conditions, dans lesquelles il s'est créé, dans lesquelles il existe même actuellement, sont le résultat, moins de l'œuvre du législateur que d'une évolution historique.

On peut donc bien dire que le droit d'affouage est un droit réel, immobilier, et qu'il est d'une nature spéciale. Il n'existe que dans les communes propriétaires de bois et, là même, il n'appartient

(1) Mémoire du Ministère de l'Intérieur de 1894. Revue Générale d'Administration. — Août 1898.

qu'à ceux des habitants qui se trouvent dans les conditions exigées par la loi.

Ce sera précisément l'objet de cette étude de rechercher les conditions auxquelles est subordonnée l'admission au partage des coupes affouagères, l'avantage qui résulte du droit et la manière dont il s'exerce.

Aussi ne semble-t-il pas nécessaire, après avoir déterminé la nature juridique du droit d'affouage, d'insister ici sur les autres parties de la définition que nous en avons donnée, puisque, dans les chapitres suivants, nous ne ferons que la développer.

CHAPITRE III

COMPARAISON DU DROIT D'AFFOUAGE ET DU DROIT D'USAGE FORESTIER

Il existe, ce n'est pas douteux, — et nous l'avons déjà dit — de nombreux rapports entre le droit d'usage forestier (1) et le droit d'affouage communal.

Ce dernier ne s'est, en effet, d'une manière générale, établi au profit des habitants des communes qu'au moment, où a été réduite l'étendue des bois sur lesquels les droit d'usage leur avaient été libé-

(1) Nous ne parlons ici que des « usages au bois » et non des autres droits d'usages forestiers tels que ceux qui ont pour but la nourriture des animaux. Les principaux usages au bois sont : l'usage au bois de feu, spécialement désigné sous le nom d'affouage réel (dans certaines régions, on le désigne sous le nom de lignerage ou bucherage) ; le marronnage ou usage au bois d'œuvre, droit d'enlever le bois mort ou le mort bois. On peut citer encore : le forestage, le droit au bois vif, le ramage, le droit à la ramée, l'usage aux bois d'étais, aux rémanents d'exploitation, aux remoisons.

ralement accordés auparavant par les seigneurs, désireux de les attirer, au moyen de cet avantage.

Cette hypothèse, que nous avons émise sur l'origine du droit d'affouage, est confirmée par le fait qu'actuellement même, on emploie fréquemment les même mots pour désigner à la fois le droit d'affouage proprement dit et le droit d'usage. On dit ainsi souvent — bien que la locution soit impropre — que les communes sont usagères dans leurs propres forêts. Cette expression s'explique, parce qu'on a continué à se servir du même terme, sans tenir compte de la modification qu'avait éprouvé le droit dans sa nature même, et cette confusion est d'autant plus naturelle qu'un certain nombre de dispositions, applicables au droit d'usage forestier, le sont également à la jouissance des habitants dâns les bois dont les communes sont propriétaires.

De même, le mot « affouage » sert à désigner non seulement la part des produits de la forêt communale qui est répartie entre les habitants de la commune propriétaire, mais aussi un des droits d'usage forestier, qu'il s'exerce sur un bois communal ou non : l'usage au bois de feu.

L'analogie entre le droit d'affouage et le droit d'usage forestier existe surtout, lorsque ce dernier droit est communal, c'est-à-dire lorsqu'il appartient à tous les habitants d'une commune. Mais, à la différence du droit d'affouage, qui est toujours exercé par les habitants « *ut universi* », le droit d'usage n'a pas nécessairement ce caractère. Il peut n'être pas attaché à la qualité de membre d'une collectivité et avoir, pour ainsi dire, un caractère individuel, en ce qu'il appartient aux seuls détenteurs de certaines habitations.

Il est souvent assez difficile, d'ailleurs, de se prononcer sur le point de savoir si le droit d'usage a vraiment un caractère communal, en d'autres termes, si l'avantage, qui en résulte, a été fait au village, à la commune et doit profiter à tous ceux qui les habitent ou si, au contraire, l'usage n'a été concédé qu'au profit seulement des maisons existant au moment de la concession, auquel cas, seul doivent en jouir, « *ut singuli* » ceux qui occupent actuellement ces maisons. C'est aux tribunaux qu'il appartient, en cas de difficulté, d'apprécier, et nous verrons plus loin, quelle est la jurisprudence en pareille matière.

Mais, lors même que le droit d'usage a bien un caractère communal, il n'en résulte pas qu'on puisse le confondre avec le droit d'affouage et il suffit d'établir une comparaison entre ces deux droits pour voir, à coté de nombreuses analogies, les différences profondes qui les séparent.

Aucun d'eux ne peut, à la vérité, être considéré comme un droit de copropriété. C'est à tort qu'on a voulu attribuer cette nature au droit d'usage. On essayait de justifier ce système par l'existence, au profit de l'usager, du droit de demander le cantonnement, c'est-à-dire une sorte de partage, mettant fin à l'indivision. Un tel droit, disait-on, ne peut appartenir qu'à un copropriétaire. Mais l'argument ne saurait plus être invoqué, le Code Forestier ayant réservé au seul propriétaire de la forêt, à l'exclusion de l'usager, la faculté de réclamer le cantonnement.

Les deux droits, que nous comparons, constituen, des droits réels, en ce qu'il n'existe, ni pour l'usager ni pour l'affouagiste, un intermédiaire entre lui et l'objet de son droit. Mais le droit d'usage n'a pas seulement le caractère de droit réel à ce point de vue. A la différence du droit d'affouage, on peut le définir « une servitude réelle, discontinue et non appa- « rente » (1). Non seulement il est dû, comme l'affouage, par un fonds, mais, contrairement à ce qui existe pour ce dernier droit, il est également dû à un fonds. Il est donc réel même « *a parte auctoris* ». Dans la plupart des cas, il est vrai, les usagers exercent leurs droits, de même que les affouagistes, comme membres d'une collectivité et

(1) Voir notamment à ce sujet: Cour de Cassation 14 Juin 1869, 23 Juin 1830. Dalloz 1871, 1. 220. 1881, I. 316. Il faut remarquer toutefois que cette définition ne s'applique pas aux droits d'usage usités, dans certaines régions, sous le nom d'usage à descendance de famille.

non à titre individuel, non « *ut singuli* » mais « *ut universi* » (1). Mais l'avantage qui en résulte pour eux leur vient seulement de leur situation de détenteurs du fonds (2) ou de la fraction du territoire communal, véritable titulaire du droit. Celui de l'affouagiste n'est point subordonné, au contraire, à la détention d'une partie du fonds, mais à la seule qualité d'habitant ou plutôt à la condition de se trouver dans la situation déterminée par la loi. L'affouagiste est le véritable titulaire de son droit, et on ne saurait le nier, en prétendant que celui-ci est attaché, non à sa personne, mais à sa qualité. N'en est-il pas de même dans bien des cas ? Notamment pour le droit de jouissance des parents sur les biens de leurs enfants ? Il ne résulte nullement du fait qu'un droit est attaché à une qualité ou subordonné à la nécessité de remplir certaines conditions légales, qu'il cesse d'appartenir à la personne.

Si le droit d'affouage se distingue du droit d'usage sur ce point, il s'en rapproche, d'autre part, en ce qu'il constitue, comme celui-ci, un droit immobilier. Dans l'un et l'autre cas, l'objet du

(1) Les droits d'usage existent rarement en effet au profit de maisons éparses, mais au profit d'agglomérations.

(2) Déjà l'ordonnance de 1669 qualifiait les maisons elles-mêmes « d'usagères ». Voir titre 19. art 5 et 14.

droit est la forêt, c'est-à-dire un immeuble. On ne saurait objecter — nous l'avons dit — que le droit de l'affouagiste, aussi bien que celui de l'usager, n'aboutit jamais qu'à leur procurer un objet mobilier. Il ne résulte nullement du fait qu'un droit se résout en la simple perception de fruits qu'il cesse d'être immobilier.

Le droit d'usage est, de même que le droit d'affouage, un droit indivisible, en ce sens que l'un et l'autre affecte indivisiblement tout le fonds qui y est soumis. Il faut simplement remarquer que le caractère d'indivisibilité n'entraine aucune conséquence, en ce qui concerne le droit d'affouage, non susceptible d'être éteint par le non usage. L'usage forestier, au contraire, pouvant être l'objet d'une prescription extinctive, l'indivisibilité du droit a pour résultat que le fait, par un seul usager de l'exercer, suffit à le conserver à tous les autres.

Enfin, l'un et l'autre de ces droits sont incessibles, Mais, tandis que ce caractère tient à l'essence du droit d'affouage, il est permis de déroger par des stipulations spéciales à cette règle, en ce qui concerne l'usage. Celui-ci pourrait être, en effet, concédé avec une clause formelle permettant à l'usager de le transmettre par voie de cession, sans toutefois, bien entendu, que la situation du propriétaire puisse se trouver aggravée. L'affouagiste ne saurait, bien évidemment, céder un droit subordonné à la condition de remplir certaines conditions légales.

Par contre, il peut, à la différence de l'usager, disposer à son gré de la part qu'il recueille en vertu de ce droit, dans le produit du bois communal, l'interdiction faite à l'usager à ce sujet, étant basée seulement sur ce principe que la délivrance des bois qui lui est faite a seulement en vue de satisfaire à ses besoins.

Sous ce rapport, en effet, son droit est moins étendu que celui de l'affouagiste et il est soumis à une limitation spéciale. La règle posée par l'art. 630 du Code Civil, aux termes duquel « celui qui a l'usage des fruits d'un fonds, ne peut en exiger qu'autant qu'il lui en faut pour ses besoins et ceux de sa famille », s'applique également au droit d'usage forestier. C'est à tort, selon nous, qu'on a voulu expliquer l'existence de cette règle en disant que certaines règles de l'usage personnel étaient applicables à l'usage réel et spécialement à l'usage forestier. Il y a là un simple fait et on ne saurait établir en principe, qu'à défaut de règles spéciales, relatives au droit d'usage forestier, on doit appliquer à celui-ci les règles de l'usage personnel. L'art. 636 ne dit pas que certaines règles particulières existent pour l'usage forestier, mais d'une façon générale que : « l'usage des bois et forêts est réglé par des lois particulières ». A défaut donc de dispositions spéciales de ces lois sur certains points, il faut, non se référer aux règles relatives à l'usage personnel, mais se prononcer en tenant compte de la nature du droit d'usage forestier et de son origine historique. C'est précisément, en raison de celle-ci, qu'il est limité aux besoins de l'usager.

Le but des seigneurs était, en effet, en concédant des droits d'usage, « d'attirer des habitants, d'augmenter par là le nombre de leurs vassaux et la valeur de leurs terres ». Ils se proposaient donc moins l'avantage des habitants que leur propre avantage. Or, on voit bien l'intérêt qu'ils pouvaient espérer en accordant à ceux-ci le bois nécessaire à leur chauffage ou à l'entretien de leurs maisons, certains qu'ils étaient de retenir ainsi sur leur sol, ceux qui y étaient installés et d'en attirer de nouveaux ; mais ils n'auraient eu aucun avantage à autoriser les habitants à vendre les bois qui leur étaient concédés. Tout au contraire, une telle faculté, si elle eût été accordée, aurait eu pour conséquence de faire des habitants les concurrents du seigneur, lorsque celui-ci aurait voulu vendre son propre bois.

Remarquons, en passant, que la prohibition faite de vendre les bois d'usage, l'obligation pour les usagers de les consommer eux-mêmes en nature' n'est pas d'ordre public. Cette limitation constitue, pour ainsi dire, une charge implicite de la concession.

Mais elle n'a pas pour motif la conservation du sol forestier (1).

La meilleure preuve en est que cette règle n'est nullement applicable à l'affouage communal. On ne saurait objecter que l'origine historique de ces deux droits est la même. Nous avons vu, en effet, qu'à un moment donné, les seigneurs, propriétaires de bois, voulurent affranchir ceux-ci et consentirent, dans ce but, à en abandonner une partie aux communes en toute propriété, à l'usage exclusif des habitants. Dès lors, la concession primitive· se trouvant modifiée, la limitation, qui en constituait une charge, devait nécessairement disparaître. Elle n'avait plus d'ailleurs désormais de raison d'être, puisque, la commune devenant propriétaire, il ne pouvait plus exister de contradiction, entre l'intérêt des usagers et du propriétaire.

Si, à ce point de vue, le droit de l'usager est moins étendu que celui de l'affouagiste, il est une autre limitation qui est commune à ces deux droits. L'exercice de l'un et de l'autre est, en effet, subordonné à l'état de la forêt grevée et à la possibilité.

On désigne, sous ce nom, la quantité de bois qu'on peut retirer annuellement ou périodique-

____

(1) Cour de Nancy, 2 janvier 1894. Dalloz. J. G. Usage, p. 1472.

ment de la forêt, sans risquer de diminuer sa production pour l'avenir. Suivant les termes d'un arrêt de la Cour de Cassation du 18 mars 1837 (1), « la possibilité d'une forêt n'est autre chose que la somme des charges que la forêt peut supporter et doit s'entendre des inconvénients qui peuvent amener la détérioration du sol lui-même, aussi bien que de ceux qui peuvent affecter le bois que ce sol a produit ». D'une façon plus simple, c'est le revenu normal de la forêt. Le droit de l'affouagiste et celui de l'usager ont ce caractère commun qu'ils ne s'épuisent pas en s'exerçant. La règle qui limite ces droits à la possibilité de la forêt a donc pour base et pour principe la nécessité de leur conservation même.

Envisageons maintenant, non plus l'étendue du droit, l'avantage qu'il est susceptible de donner, mais simplement l'avantage qui en résulte, en fait, pour chaque ayant droit. Cet avantage sera évidemment plus ou moins considérable, suivant le nombre des parties prenantes. Pour le droit d'affouage, ce

---

(1) Roussel. *Dictionnaire des forêts*. 2, p. 370. En cas de contestation sur la possibilité d'une forêt, il appartient au Conseil de Préfecture de se prononcer sur l'exercice de l'usage mais non sur son existence. Lorsque celle-ci est contestée, l'affaire relève des tribunaux civils. Cour de Cassation, 11 mai 1841 et 30 janvier 1845. Conseil d'Etat, 7 décembre 1847, 21 juillet 1849.

nombre est fixé par le rôle, qui peut comprendre autant de personnes qu'il s'en trouve, remplissant les conditions exigées par la loi.

En ce qui concerne le droit d'usage communal, c'est, au contraire, une question parfois très délicate de déterminer le nombre des ayants droit. Si l'usage forestier ne peut, en aucun cas, dépasser la possibilité de la forêt, il n'atteint pas nécessairement celle-ci et il est bien évident que l'intérêt du propriétaire consiste à ce que les usagers soient aussi peu nombreux que possible, la quantité de bois nécessaire à leurs besoins se trouvant ainsi moins considérable. On ne saurait donc, sans léser le propriétaire, attribuer le droit d'usage à quelqu'un qui n'y a pas droit.

Lorsque le titre constitutif de l'usage ne s'est point prononcé d'une façon nette à ce sujet, on s'est demandé s'il n'y avait pas lieu de se reporter aux conditions existantes, lors de la concession, pour déterminer ceux qui pouvaient utilement prétendre à l'usage.

Plusieurs systèmes ont d'ailleurs été proposés sur ce point. L'un (1) est basé sur cette idée que, depuis la constitution du droit, la situation du propriétaire ne saurait, par le seul fait de cette constitution, s'aggraver. En accordant le droit

____

(1) On désigne ce système par le nom de Merlin, qui l'a soutenu.

d'usage aux maisons agglomérées constituant la commune, la pensée du concédant n'était, dit-on, que d'avantager les détenteurs de ces maisons, pour le présent et dans l'avenir. C'est donc aux seules maisons existantes lors de la stipulation que doit être restreint le droit d'usage dans une forêt (1). On ne pourrait l'étendre à toutes les maisons de la commune qu'au cas où, de l'ensemble des circonstances, et notamment du fait que la concession a toujours reçu cette interprétation, on pourrait conclure que telle avait été, dès le début, l'intention du concédant (2).

A cette théorie, Proudhon, notamment, en a opposé une autre, dont le fondement est ce principe général, qu'en matière de stipulation, il faut tenir compte surtout de la volonté exprimée ou non des parties. Or quel était le but des seigneurs, en accordant sur leurs forêts des droits d'usage ? Ce n'était pas assurément de stimuler les efforts des quelques habitants qui se trouvaient impuissants, en raison de leur petit nombre, à cultiver le sol et à en tirer les richesses qu'il était susceptible de produire. C'était surtout d'en attirer de nouveaux qui, construisant des maisons, augmentant ainsi l'agrégation locale, viendraient joindre leurs efforts à

(1) Nancy. 18 Mai 1827. Dalloz. J. G. Usage. No 424.

(2) Rouen. 14 Août 1845. Dalloz. 1846 II. 19.

ceux des premiers. Comment, dès lors, aurait-il pu être dans la pensée du concédant d'exclure de l'avantage résultant du droit d'usage, les maisons à construire ou leurs détenteurs ? Il faut remarquer néanmoins, ajoutait Proudhon, que le but du seigneur ayant été d'attirer sur le sol, une population cultivatrice, c'est à celle-ci seulement que doit être limitée l'usage forestier. Tout au plus peut-on aussi l'accorder à ceux qui, exerçant certains métiers, sont pour ainsi dire, les auxiliaires nécessaires des cultivateurs, en leur procurant, les moyens de se livrer à leur travail.

On voit immédiatement le vice de cette théorie et combien est peu certain le critérium qui permet de savoir si telle personne doit être exclue de l'usage forestier. Sans doute, les charrons, les forgerons doivent être considérés comme des auxiliaires obligés de la culture. Mais combien d'autres pourraient également prétendre à cette qualité. Et il n'est pas jusqu'aux ouvriers d'une usine, installée dans la commune, qui ne pourraient la revendiquer, en faisant valoir le service qu'ils rendent à la culture, en lui permettant d'écouler ses produits.

Cependant ce système a un avantage sur le précédent, c'est, en tenant compte, non des conditions existantes lors de la stipulation, mais de l'intention présumée du concédant, d'être à la fois plus libéral et plus équitable.

Il existe enfin un troisième système qu'on a attribué à M. Troplong (1). Le seigneur, soutient-on, en constituant un droit d'usage, se proposait moins l'intérêt de l'agriculture que l'accroissement du nombre de ses vassaux. La constitution d'un droit d'usage serait donc, pour ainsi dire, une convention synallagmatique, aux termes de laquelle l'une des parties concédant des droits d'usage, l'autre se serait engagée tacitement à toutes les obligations résultant du fait d'habiter dans la seigneurie. Cette convention expresse se serait renouvelée de même, et tacitement aussi, à l'arrivée de tous les nouveaux habitants installés avec le consentement du seigneur. Toutefois elle aurait cessé de pouvoir intervenir, postérieurement au 4 Août 1789, puisque depuis cette époque, le seigneur privé des droits féodaux n'eut plus d'intérêt à concéder un avantage, qui n'entraînait désormais aucun avantage correspondant pour lui. Dès lors, pour qu'une maison put être considérée comme usagère, il suffirait de prouver que sa construction est antérieure à 1789 (2).

Quelqu'ingénieux que puisse être ce système, qui a été adopté souvent par la jurisprudence, on peut

____

(1) M. Troplong ne l'a exposé dans aucun ses ouvrages, mais il l'aurait soutenu, comme avocat, à l'occasion d'une espèce particulière.

(1) Cour de Cassation 23 Mars 1848. Dalloz. 1848. 1. 140.

y faire deux objections. La limitation qu'il fixe au droit d'usage est à la fois trop sévère et insuffisamment précise. Est-il prouvé en effet que les seigneurs se soient réellement proposé, en concédant des droits d'usage, un autre avantage que celui très important pour eux qui résultait de la mise en valeur de leur territoire? Mais, d'autre part, lors même qu'on admettrait l'hypothèse sur laquelle est basée ce système, c'est-à-dire l'existence d'une convention tacite intervenant entre les nouveaux habitants et le propriétaire, cette convention n'a pu, en tout cas, se former qu'entre ce dernier et ceux des arrivants qui s'installaient et construisaient, avec son consentement et de son plein gré. Est-il possible, dans ces conditions de déterminer si une maison a été construite avec ou sans l'agrément du du seigneur ou de subordonner l'exercice du droit d'usage que peut avoir son détenteur à cette circonstance.

En réalité, c'est peut-être à tort qu'on veut, dans tous les cas, pour limiter le droit d'usage au point de vue du nombre des parties prenantes, tenir compte surtout des maisons et considérer celles-ci comme les véritables usagères. Lorsque le droit a été concédé à l'agrégation locale, lorsqu'il est non individuel, mais communal, le véritable fonds dominant n'est-il pas le territoire même de la commune, les maisons ne devant être considérées que comme partie adhérente de ce territoire. Il faut toutefois que la charge résultant du droit d'usage pour le propriétaire, ne se trouve pas aggravée au delà de son intention, lors de la concession. Mais le véritable but des seigneurs semble avoir été, moins de se procurer des vassaux ou d'avoir spécialement des cultivateurs, que d'attirer, d'une manière générale, sur le territoire des hommes capables de le fertiliser d'abord, mais aussi, par la suite, d'enrichir, d'une manière quelconque, l'agrégation locale. Dans ce cas, il faudrait admettre, à l'usage, quand celui-ci est communal et sauf clauses contraires, toutes les maisons de la commune ou plutôt les détenteurs de ces maisons.

Nous avons jusqu'ici comparé le droit d'usage et le droit d'affouage, au point de vue de leur nature et de leur étendue. Il nous reste à indiquer les analogies et les différences qui existent entre eux, en ce qui concerne, leur acquisition, leur exercice et leur extinction.

L'affouagiste acquiert son droit par le seul fait qu'il se trouve dans les conditions fixées par la loi. Mais, quel que soit le temps pendant lequel il a pu l'exercer, il le perd du jour où il cesse de remplir ces conditions. Le droit d'affouage ne peut donc être acquis par prescription. On ne saurait non plus prescrire aucun droit d'usage sur les bois domaniaux ou communaux, ceux-ci se trouvant, sur ce point, frappés d'imprescriptibilité, en vertu de l'article 62 du Code Forestier, qui décide que, dans ces bois, « il ne sera plus fait à l'avenir aucune concession de droit d'usage, de quelque nature que ce soit et sous quelque prétexte que ce puisse être ».

La seule différence qu'on ait indiqué entre le droit d'affouage et le droit d'usage à ce point de vue, c'est que celui-ci pourrait être acquis par prescription lorsqu'il s'exerce sur les bois d'un particulier.

Ce dernier point est d'ailleurs très controversé. On fait remarquer, très justement à notre avis, que le droit d'usage est une servitude discontinue et dès lors susceptible d'acquisition seulement par titre (1) en vertu de l'article 691 du Code Civil. Si l'on admet, au contraire, avec M. Proudhon, que le droit d'usage constitue, non une servitude, mais un démembrement de la propriété, on doit le considérer dès lors comme susceptible de prescription (2). Mais nous avons déjà vu plus haut les raisons pour lesquelles le droit d'usage ne saurait être assimilé à un droit de copropriété. Le droit

(1) Cour de Cassation, 2 avril 1855, Dalloz. 1855. 1. 230.
Metz, 29 Mars 1859. Dalloz. 1861. 1. 303.
Cour de Cassation, 27 mai 1868. Dalloz 1869. 1. 399.
Cour de Cassation, 23 juin 1880. Dalloz, 1881. 1. 316.

(2) Cour de Cassation, 19 août 1829. Dalloz, 1829. 1. 341.

d'usage constitue bien une servitude et, à moins de dispositions spéciales, on doit lui appliquer les règles relatives aux servitudes. C'est donc à tort qu'on essayerait de se baser sur l'article 636 (1). Celui-ci déclare que l'usage dans les bois communaux est soumis à des règles particulières, mais il paraît évident, qu'à défaut de celles-ci, il faut s'en rapporter, ainsi que nous l'avons dit, à la nature même du droit et appliquer les principes généraux.

On ne saurait donc établir une distinction, sur ce point, entre le droit de l'affouagiste et celui de l'usager. Ni l'un ni l'autre ne sont susceptibles d'être acquis par la prescription.

Il existe de même entre eux des analogies nombreuses en ce qui concerne l'exercice du droit. Nous ne pouvons, sans sortir des limites de cette étude, examiner ici en détail les conditions dans lesquelles s'exercent chacun des différents usages au bois et il nous suffira d'indiquer certains points où le droit d'usage peut être comparé au droit d'affouage.

Dans les deux cas, en premier lieu, l'ayant-droit n'a nullement à se préoccuper des différentes opérations relatives à l'entretien de la forêt, objet du droit. L'affouagiste et l'usager sont, d'autre part, également soumis à l'obligation d'une délivrance

(1) Cour de Cassation, 8 novembre 1843. Dalloz. 1348. 1. 244.

préalable et ne sauraient, en aucun cas, se mettre par eux-mêmes en possession de leur lot ou de la quantité de bois qui leur revient. Enfin l'un et l'autre doivent contribuer aux frais de garde et autres charges afférentes à la forêt. La seule distinction à faire, à ce dernier point de vue, consiste en ce que l'affouagiste peut toujours s'affranchir du paiement de la taxe représentative de ces charges, en abandonnant le lot et sans renoncer à son droit lui-même pour l'avenir, tandis que le refus d'acquitter la taxe légalement imposée, par exemple, aux habitants d'une commune pour la jouissance d'un droit d'usage, tombe sous l'application des lois relatives au recouvrement des contributions publiques, lorsqu'il s'agit d'un bois domanial ou communal.

Si ces deux droits se rapprochent, en ce qui concerne leur exercice, les conséquences que peut entraîner la négligence apportée par l'ayant-droit à les exercer sont aussi à peu près les mêmes. De même que l'usage ne s'arrérage pas, de même nous verrons que l'affouagiste peut se trouver déchu du droit de réclamer les lots des années antérieures, faute d'avoir articulé sa demande en temps utile. Toutefois les motifs, sur lesquels sont basées ces deux règles analogues, ne sont pas les mêmes. On suppose en effet que l'usager qui n'a pas exercé son droit n'avait pas de besoin et dès lors n'avait point à l'exercer. L'affouagiste, au contraire, conservant son droit, qu'il ait ou non des besoins, la déchéance encourue par lui ne saurait être basée sur ce motif. Nous verrons qu'elle n'est établie par aucun texte, mais peut être justifiée par ce principe que la disparition, la perte de l'objet du droit entraîne la perte de celui-ci, surtout quand on peut imputer cette disparition précisément à l'ayant-droit. Partant de ce principe, nous essaierons d'établir que l'affouagiste perd son droit de réclamer une part dans la coupe affouagère, quand celle-ci a été répartie.

Il ne nous reste plus qu'à comparer les causes d'extinction du droit d'usage et du droit d'affouage, et à indiquer celles qui sont spéciales à l'un d'eux.

Le droit à l'affouage étant subordonné à la condition de se trouver dans une situation déterminée, il suffit que la situation de l'affouagiste se modifie pour qu'il soit privé de son droit. On ne peut dire d'ailleurs qu'en pareil cas, le droit d'affouage se trouve éteint. La situation de la commune propriétaire n'est, en effet, nullement modifiée et, seul, l'avantage résultant du droit pour les autres participants se trouve accru. L'extinction du droit d'un usager profite au contraire, non aux autres usagers, mais au propriétaire. Cette extinction peut résulter notamment de la disparition de la maison usagère (au cas, par exemple, où il s'agit d'un droit au bois d'œuvre, en vue de l'entretien de cette maison).

Il existe d'ailleurs, des causes qui entraînent, dans les mêmes conditions, l'extinction du droit de l'usager ou de celui de l'affouagiste. Lorsque la forêt, sur laquelle repose le droit, vient à disparaître, pour une cause quelconque, la perte de l'objet du droit a pour résultat, dans l'un et l'autre cas, l'extinction du droit lui-même. À ce point de vue, il faut remarquer toutefois que la conséquence n'est pas toujours exactement la même pour l'usager et pour l'affouagiste. Lorsque la disparition de l'objet du droit résulte, en effet, non d'un cas fortuit, mais du fait du propriétaire lui-même, lorsqu'elle est la conséquence d'un défrichement, par exemple, l'affouagiste se trouve privé de tout droit et ne peut plus élever aucune réclamation. Il n'en est pas de même pour l'usager, le propriétaire ne pouvant, en aucun cas, faire un acte qui va à l'encontre du droit de celui-ci. On a même voulu prétendre que le propriétaire d'une forêt grevée d'un droit d'usage ne pouvait, en aucun cas, procéder à un défrichement partiel, même en conservant une portion de la forêt largement suffisante pour assurer l'exercice du droit d'usage (1). C'est, à notre avis, aller trop loin et on ne saurait donner

(1) Cour de Cassation, 17 mars 1862. Dalloz 1862. 1. 293.

une telle rigueur à l'article 701 du Code Civil (2). Mais il est indiscutable que tout défrichement fait à l'encontre des droits de l'usager entrainerait pour le propriétaire l'obligation de réparer le dommage indûment causé.

Il nous faut enfin, en terminant cette comparaison du droit d'affouage et du droit d'usage, dire quelques mots d'une cause d'extinction spéciale à ce dernier droit : le cantonnement. On désigne ainsi la faculté qui est accordée au propriétaire d'une forêt de transformer une servitude d'usage en un droit de propriété, concédé en échange à l'usager. C'est grâce à une opération analogue, nous l'avons déjà dit, que se sont peu à peu constituées les forêts communales et que le droit d'affouage communal s'est créé. Il existe néanmoins des différences entre le cantonnement ancien, tel qu'il existait, du moins au début, et l'opération, en vertu de laquelle un propriétaire peut actuellement affranchir ses forêts des droits d'usage qui les grèvent. En fait, le cantonnement ancien, qui n'était établi par aucun texte législatif, aboutissait, dans la plupart des cas, à faire passer la propriété d'une partie du bois à l'ancien usager. Mais c'était là un résultat médiat, pour ainsi dire, et une conséquence plus ou moins lointaine du cantonnement. Celui-ci ne

____

(1) Cour de Cassation, 29 juillet 1857. Dalloz, 1857, 1. 402.

constituait donc pas une véritable interversion de titres, comme le cantonnement actuel. En principe, le propriétaire était censé conserver son droit et consentir seulement l'abandon plus ou moins complet de la jouissance sur une partie de sa propriété, pour libérer entièrement le reste. Les circonstances qui pouvaient amener l'extinction ou la diminution du droit d'usage profitaient, dans ces conditions, au propriétaire.

Actuellement, au contraire, l'usager devient, par suite du cantonnement, propriétaire d'une partie du bois et, comme corollaire, la servitude est absolument et définitivement éteinte sur le surplus, Le Code Forestier, ayant reconnu au propriétaire seul le droit d'exiger le cantonnement, on voit qu'il lui est toujours possible de s'affranchir de la servitude d'usage. Celle-ci se distingue donc, encore à ce point de vue, du droit d'affouage qui constitue une charge perpétuelle de la forêt communale,

En résumé, on voit qu'à côté d'analogies nombreuses, il existe des différences profondes et des dissemblances absolues entre le droit d'affouage communal et le droit d'usage forestier. Nous avons essayé de les mettre en lumière, en vue de montrer que le premier de ces droits est bien d'une nature particulière et ne saurait être assimilé à une servitude.

CHAPITRE IV

DROIT COMPARÉ

Le droit d'affouage est un mode de participation des habitants aux produits de la propriété communale. Les règles qui le régissent sont donc nécessairement en rapport avec celles qui régissent la propriété communale elle-même et aussi avec les lois qui fixent l'organisation municipale.

Ce droit est, d'autre part, né dans des conditions spéciales, il s'est établi à la suite d'une évolution historique dont les principaux phénomènes avaient leur cause dans un état social particulier : la féodalité. N'est-il pas, dès lors naturel, qu'il ait un caractère à part et qu'il ne soit pas possible de trouver un droit correspondant, là où les circonstances, dont il est le résultat, ne se sont pas produites ?

Cela est si vrai, qu'on a pu se demander si le

Code Forestier pouvait, dans toutes ses parties, être appliqué en Algérie et si, notamment, en raison des circonstances particulières, par suite desquelles l'Etat avait acquis la propriété des forêts algériennes, il n'y avait pas lieu de soumettre à des règles toutes spéciales les droits d'usage que peuvent avoir les indigènes dans ces forêts (1).

A plus forte raison, est-il difficile de trouver, dans la législation étrangère, des points de comparaison, en ce qui concerne notre droit d'affouage. Dans beaucoup de pays, la propriété communale n'existe pas, du moins dans le sens que nous donnons à ce mot; dans d'autres, le régime municipal, à peine ébauché, ne peut être mis en parallèle avec le nôtre.

Il ne saurait donc être question de faire, relativement à l'affouage, une étude approfondie de droit comparé. Nous avons cru seulement utile, après avoir indiqué sommairement ce qui existe dans d'autres pays, de mettre en lumière quelques règles spéciales posées par des législations étrangères, relativement aux conditions dans lesquelles les habitants sont appelés à recueillir une part dans le produit des biens communs.

En Angleterre, la « paroisse » qui peut être

(1) Jacquey. *Droits d'usage des indigènes en Algérie.* Revue générale d'administration, 1883, t. III, p. 151.

comparée à notre commune diffère pourtant essentiellement de celle-ci. Même comme unités administratives l'importance des « paroisses » est minime et de plus, à ce point de vue, elle tendent à être absorbées dans les « unions » (1).

D'autre part, il n'existe pas de propriété « paroissiale ». L'Angleterre est en effet un pays de grande propriété. Les immenses forêts, qui couvrent certaines provinces, constituent depuis un temps immériorial une partie du patrimoine de quelques familles. Celles-ci les conservent d'autant plus jalousement qu'actuellement encore certains avantages, même au point de vue politique, sont inhérents à l'étendue de la propriété territoriale. Les seigneurs constituent parfois sur les forêts des droits d'usage an profit des habitants, mais ils se gardent bien d'abandonner à ceux-ci une partie quelconque de leurs domaines forestiers en toute propriété.

D'ailleurs les idées anglaises, basées en général sur l'individualisme, n'admettent guère, en principe, la propriété commune dont la gestion n'appartient pas à qui doit retirer le profit, et cette seule raison suffirait à expliquer l'absence de la propriété communale dans ce pays.

Celle-ci existe, par contre, en Allemagne, mais

(1) Boutmy. Le Gouvernement local et la tutelle de l'Etat en Angleterre. Annales de l'Ecole des sciences politiques. 1886.

l'organisation municipale varie, non seulement d'Etat à Etat, mais souvent même dans les diverses parties d'un même Etat. En général, la participation aux produits des biens communaux, notamment des bois, n'est pas réglée, en s'inspirant, comme chez nous, du principe d'égalité. Dans plusieurs Etats et en Prusse notamment, cette participation est limitée aux bourgeois qui seuls sont considérés, après admission, comme composant la commune. Dans d'autres Etats, l'assemblée des habitants, sous la réserve toutefois de l'approbation du Comité du cercle (Kreisausschuss) fixe les conditions dans lesquelles doit se faire la répartition du produit des bois.

Enfin, en Alsace-Lorraine, cette répartition a continué, depuis l'annexion, à être réglée comme elle l'était auparavant, c'est-à-dire dans les conditions spéciales déterminées par les édits des 31 Janvier et 13 Juin 1724 dont nous avons parlé.

C'est en Russie que la propriété communale est peut-être la plus développée. Le «mir» sert souvent d'exemple à ceux pour qui la propriété collective des habitants constitue l'idéal. Il n'existe d'ailleurs aucune réglementation générale fixant les conditions dans lesquelles doit être gérée cette propriété et les règles d'après lesquelles ses produits doivent être répartis. C'est aux chefs de famille et aux fonctionnaires électifs, constituant l'assemblée délibérante de la communauté qu'il

appartient d'adopter le mode de partage et de fixer
les conditions à remplir pour être admis à ce partage.

En Autriche, comme chez nous, il existe une
administration forestière dépendant du Ministère
de l'Agriculture (1). Elle est chargée de veiller à la
conservation et à la bonne exploitation, non seulement des forêts appartenant à l'Etat, mais aussi de
celles qui appartiennent aux communes. Le rôle
de cette administration ne va pas d'ailleurs jusqu'à
déterminer les conditions dans lesquelles celles-ci
peuvent faire bénéficier les habitants d'une part
du produit des forêts. C'est aux conseils élus
« gemeinderathe » qu'il appartient de statuer en
pareille matière et la plus grande latitude leur est
laissée à ce sujet, sous la réserve toutefois de se
soumettre au contrôle de l'administration, en ce qui
concerne l'exploitation.

Au point de vue qui nous intéresse, la Suisse a
une importance toute particulière, en raison de
l'étendue de ses forêts. La plupart de celles-ci,
notamment celles qui couvrent les montagnes du
Valais, appartiennent d'ailleurs, non à des particuliers, mais aux communes elles-mêmes. Les adversaires d'une réglementation générale, en ce qui
concerne l'aptitude au droit d'affouage, peuvent

(1) Revue Générale d'Administration. 1888. III. **232**.

facilement tirer argument de l'état de choses existant en Suisse. La législation, sur ce point, varie en effet avec chaque canton. On peut pourtant ramener à trois, les procédés adoptés pour faire participer les habitants aux produits des « allmenden » suisses.

Un premier système, consiste à louer les biens communaux, y compris les forêts. La somme payée par les locataires est versée dans la caisse communale, et, servant à acquitter les dépenses, diminue d'autant les charges qui incombent aux habitants. Le locataire, qu'il soit adjudicataire ou qu'il ait traité de gré à gré, est en outre astreint parfois à délivrer en nature à tous les habitants une certaine quantité de bois, le surplus seul lui revenant en vertu du contrat.

Ce mode de gestion, fréquent pour les autres biens communaux, est toutefois exceptionnel, en ce qui concerne les bois.

Plus généralement, la commune intéressée à leur conservation, les gère elle-même et les exploite, au mieux de ses intérêts. Les produits forestiers sont vendus chaque année et les sommes en provenant sont affectés à couvrir les dépenses publiques. Quand, ainsi que cela arrive dans certaines communes, ces sommes sont assez considérables pour qu'il y ait un excédent, celui-ci, au lieu d'augmenter,

comme chez nous, les fonds libres de la commune,
est réparti en argent entre les habitants.

Dans d'autres cantons, on admet, de même qu'en
France, le principe de la répartition en nature des
bois de chauffage et même du bois de construction.
Mais les conditions qu'il faut remplir pour être
admis à cette répartition varient suivant les cantons
et même suivant les communes.

Citons notamment dans le canton de Berne,
l'usage en vertu duquel il est nécessaire de verser
une somme d'argent à la commune comme condition préalable, pour pouvoir participer au produit
des bois communs. Dans le village de Schaddorf,
près d'Altdorf, les habitants sont, au point de vue de
vue de cette participation, répartis en plusieurs
classes. La première comprend les bourgeois par-
tiaires qui ont domicile depuis une année entière
dans la commune, y ont feu et y possèdent des
propriétés : ils ont droit à six grands sapins ; il n'en
est accordé que quatre à ceux qui n'ont pas de
propriétés ; trois seulement aux individus vivant
seuls et non propriétaires ; deux enfin à ceux qui
n'ont pas de maison à eux, bien qu'ayant dans le
village leur ménage et leur domicile.

En Belgique et dans le Grand Duché de Luxembourg enfin, la législation en matière d'affouage est,
d'une manière générale, sensiblement identique à
la notre. Mais il s'est produit, pour la législation

forestière dans ces pays, le même phénomène que pour la plupart des autres lois. Après nous avoir emprunté nos codes, le législateur étranger en a constaté les imperfections et nous a précédé dans dans la voie des réformes. Dans le Luxembourg, notamment, une loi récente du 13 Juillet 1887 a précisé les conditions qu'il est nécessaire de remplir pour prétendre utilement à une part des bois communaux. Aux termes de cette loi, l'élément matériel du feu et l'existence d'un domicile, avec cette condition spéciale, que ce domicile soit un domicile de consommation, sont considérés comme les conditions essentielles d'aptitude à l'affouage. De plus, le moment où s'acquiert ce droit n'est pas le même que chez nous. Il est nécessaire de justifier, en effet, un an au moins à l'avance, au secrétariat communal, qu'on habite la commune, avec feu et ménage séparé, depuis le 1er Janvier de l'année précédente.

Nous aurons d'ailleurs à revenir, dans notre conclusion, en examinant les modifications qu'il y aurait lieu d'apporter à l'art. 105 du code forestier, sur les systèmes que nous venons d'indiquer sommairement et à les mettre en parallèle avec celui adopté chez nous. Nous serons ainsi amenés à nous demander si c'est à juste titre que la loi française a tendu, de plus en plus, à réglementer d'une manière uniforme le droit à l'affouage au lieu de laisser, comme cela existe généralement à l'étranger, une initiative presque complète en pareille matière aux conseils élus.

TITRE DEUXIÈME

CONDITIONS LÉGALES D'APTITUDE AU DROIT D'AFFOUAGE

CHAPITRE Ier

Généralités — Titre contraire

Les conditions d'aptitude au droit d'affouage sont actuellement déterminées, d'une façon générale, par la loi de 1883, qui, en ce qui concerne spécialement les étrangers, n'a fait que reproduire les dispositions de la loi de 1874.

Nous avons étudié précédemment l'évolution qui s'est produite et qui tendait constamment à l'unification des conditions d'aptitude à l'affouage. Le Code Forestier, ainsi que nous l'avons vu, avait établi, d'une façon plus apparente que réelle, le principe de l'égalité entre les affouagistes, en admettant à la règle posée par lui, relativement aux conditions d'aptitude à l'affouage, deux exceptions : les titres anciens et les usages anciens.

De ces deux dérogations à la règle générale, la loi de 1883 n'a maintenu que la première. Elle n'a laissé subsister aucun des anciens usages et n'a plus reconnu de validité qu'aux titres anciens.

Quelque opinion qu'on puisse avoir sur l'unification même, opérée par la loi de 1883, il semble, en tout cas. fâcheux qu'elle n'ait pas été jusqu'au bout et ait laissé subsister l'exception relative aux titres anciens.

On n'est pas absolument d'accord, d'ailleurs, sur le point de savoir quels sont les titres contraires, auxquels la loi a fait allusion, et en vertu desquels les conditions d'aptitude à l'affouage ou le mode de répartition peuvent différer de ceux fixés par la loi.

On reconnaît que celle-ci a entendu parler, tout d'abord, des actes de l'autorité publique « qui avaient autrefois les caractères des actes de tutelle administrative ». Les plus célèbres de ces actes sont les édits des 31 janvier et 13 juin 1724, applicables à la Lorraine. Nous avons signalé déjà l'intérêt qu'ils présentent, en ce qu'ils constituent le premier essai de règlementation générale, relative aux bois communaux. Ces édits fixaient, notamment, les conditions auxquelles les habitants étaient appelés au partage du produit de ceux-ci. On cite également l'édit du 19 août 1669 qui établissait des règles analogues, mais moins générales, relativement aux trente-six paroisses riveraines de la forêt de Chaux.

D'autre part, et à la différence de ce qui existe aujourd'hui, où les tribunaux ne peuvent, en aucun cas, statuer d'une manière générale (1), les Parlements ou Cours souveraines étaient investis du droit de formuler, à l'occasion d'une espèce spéciale à eux soumises, telle disposition réglementaire qui leur apparaissait opportune. Les arrêts de règlements pris par eux au sujet de questions relatives à l'affouage constituent donc indiscutablement des titres au sens prévu par la loi et peuvent être invoqués dans l'étendue du ressort du Parlement qui les a rendus.

Mais, si on est d'accord sur ces deux points, on discute sur la question de savoir si c'est seulement aux titres que nous venons d'indiquer que le législateur a voulu faire allusion et, d'autre part, quelles conditions doivent remplir les titres pour être utilement invoqués.

Faut-il, tout d'abord, ranger au nombre des titres contraires prévus par la loi, certains titres conventionnels existant à la suite de contrats intervenus

(1) Conseil d'État, 12 juin 1891. Dalloz 1892, 3. 124.

entre la commune et des particuliers. Supposons, par exemple, la donation d'un bois faite à une commune, sous cette réserve que le donateur et ses héritiers auraient droit à une part spéciale et plus considérable que les autres habitants dans le produit de la forêt devenue communale. M. Meaume (1) fait remarquer qu'en pareil cas, c'est comme usager et non comme affouagiste que l'ayant-droit peut réclamer une part privilégiée et que ce fait ne constitue dès lors nullement une dérogation à la règle générale posée par l'article 105. Il ne pourrait exister un doute à ce sujet qu'au cas ou le donateur aurait stipulé pour lui et ses héritiers non le droit de prendre telle quantité de bois, mais spécialement l'avantage de recueillir un lot d'affouage double par exemple de celui revenant aux autres habitants.

Mais l'argument de M. Meaume n'en conserverait pas moins sa valeur, car le donateur ou son héritier, quels que soient les termes du contrat, ne pourrait, comme affouagiste, réclamer qu'un lot égal à celui des autres ayants-droit et, pour le surplus, ne ferait qu'exercer un simple droit d'usage.

La jurisprudence est, d'ailleurs, nettement fixée

____

(1) *De l'administration des bois communaux*, n° 503. La même objection est formulée par Migneret, *Traité de l'affouage*.

dans ce sens. Elle a décidé, de même, que la charte accordée par un seigneur, et constatant l'abandon aux habitants de bois dont les produits serviraient à leurs besoins, ne saurait être invoquée et servir de base, en ce qui concerne le mode de distribution des bois.

Le titre, dit un arrêt de la Cour. d'appel de Lyon (1), doit seulement être considéré « comme le fondement d'un droit de propriété pour la généralité des habitants ». Quel que soit le procédé de répartition adopté plus tard par ceux-ci, ce mode de partage est fondé sur l'usage et non sur le titre, et dès lors « la disposition générale de l'art. 105 du Code Forestier doit recevoir son application. »

D'autre part, on ne saurait « admettre que les habitants aient pu contracter entre eux *ut singuli,* d'une part, et le corps moral de la commune, d'autre part ». Une telle convention serait absolument illicite et nulle, non seulement pour l'avenir, mais même pour le passé. Les conventions intervenues entre la commune et les particuliers se trouvant ainsi écartées, l'exception prévue par la loi ne s'applique donc qu'aux titres dont nous avons parlé plus haut.

Mais était-il vraiment besoin de poser une exception au principe général, quand cette exception

____

(1) Lyon, 24 janvier 1891. — Dalloz, 1891, 2.372.

ne devait s'appliquer qu'à des cas aussi rares. Il n'est pas douteux que lorsque la question sera de nouveau examinée par le législateur, celui-ci, s'il persiste toutefois dans la voie de l'unification, sera naturellement amené à établir une règle générale et unique, non susceptible d'exception.

Quoi qu'il en soit, et dans l'état actuel de la législation, comment celui qui se prévaut d'un titre, peut-il prouver l'existence de celui-ci?

Dans la plupart des cas, il est absolument impossible de produire à l'appui de la prétention le titre primordial. La copie présentée doit-elle du moins remplir les conditions indiquées par le Code civil (1)? La jurisprudence semble avoir admis qu'une certaine tolérance était nécessaire en pareille matière, et qu'il suffisait de produire une pièce suffisamment authentique pour prouver l'existence du titre sur lequel est basée la demande. C'est ainsi qu'elle a estimé que la « transcription d'un titre de la nature de ceux dont nous venons de parler sur les registres de la commune, devra être considérée comme une copie suffisante et non pas comme un simple commencement de preuve par écrit. »

L'inconvénient de ce système apparait facilement. L'art. 105 admet une exception à la règle

____

(1) Article 1335 et suivants.

générale, et les exceptions sont de droit étroit. Si l'on n'admet pas, comme la logique le veut, que les principes posés en matière de titres sont applicables en la circonstance, pourquoi la tolérance des tribunaux n'irait-elle pas jusqu'à tenir compte de la citation faite par un auteur d'un titre dont l'existence n'est prouvée que par cette citation (1). On voit mal, en effet, le criterium en vertu duquel, à défaut du texte de la loi, on pourrait reconnaître la validité du titre invoqué.

Un arrêt de la Cour de Dijon a décidé, d'ailleurs, que les titres invoqués devaient avoir force probante, et qu'au cas où l'interprétation de ces titres était douteuse, elle devait être tranchée en faveur de la collectivité des habitants de la commune et non d'un certain nombre d'entre eux (2).

Nous aurons l'occasion, au cours de cette étude, de formuler certaines critiques contre la loi de 1883 ; dès à présent, nous pouvons remarquer que, d'une part, son texte manque de précision, car nous verrons qu'il existe de nombreux cas discutables et pour lesquels la doctrine seule peut arriver à donner une solution. D'autre part, il semble réserver aux seuls individus le droit à l'affouage et, en réalité,

____

(1) Arrêt de la Cour de Colmar du 30 mars 1832. (Meaume, page 91. note 4.)

(2) Dijon, 27 décembre 1893. Dalloz, 1894. 2.111.

il n'en est rien. L'art. 102 du Code forestier autorise les établissements publics à prélever, lors des adjudications des coupes de leurs forêts, la quantité de bois nécessaire pour leur propre usage. Il est bien évident que l'art. 105, en ne faisant pas allusion à ce droit pour les communes, n'a pu vouloir le leur refuser.

Une décision du Ministre des Finances du 27 mars 1830, prescrit d'ailleurs de tenir compte, dans la répartition des bois d'affouage, des salles d'école, des mairies, des corps de garde municipaux. Les établissements communaux ont, depuis cette époque, pris un développement considérable et il n'est pas discutable que tous, salles d'asile, hôpitaux dépendant de la commune, fromageries, etc., ont droit à une part dans la coupe affouagère. Il n'est pas besoin d'ajouter que cette part doit servir aux besoins même de ces établissements et que l'instituteur ne doit pas plus bénéficier de celle qui est attribuée à la maison d'école que le maire ne pourrait prétendre à se servir du bois destiné à la mairie.

Nous étudierons, tout d'abord, les règles posées par la loi de 1874, relativement à la situation des étrangers, quant à leur aptitude au droit d'affouage. Nous examinerons ensuite les autres conditions d'aptitude à ce droit posées par la loi de 1883. Enfin, dans un chapitre spécial, nous examinerons

la situation particulière de certaines personnes, par
rapport au droit d'affouage.

CHAPITRE II

NATIONALITÉ

Avant la loi de 1874, c'était une question des plus controversées de savoir quelle devait être la situation des étrangers au point de vue de l'affouage. La plupart des usages n'avaient pas prévu le cas et aucun texte de loi n'y avait fait allusion. Au début, la jurisprudence du Conseil d'Etat s'était prononcée contre l'admission des étrangers au droit d'affouage. Plus tard, la Cour de Cassation admit la solution contraire. Nous allons examiner les arguments donnés à l'appui de ces deux systèmes.

Premier système. — Un certain nombre d'arrêts du Conseil d'Etat, partant de ce principe que l'affouagiste exerce un droit de propriété, déclaraient qu'il n'était pas possible de considérer l'étranger comme copropriétaire des bois communaux par le seul fait de son installation plus ou moins provisoire sur le territoire de la commune. La qualité de Français devait donc être considérée comme indispensable pour participer à l'affouage.

D'autres arrêts, notamment de la Cour de Colmar, tout en reconnaissant que la propriété des bois communaux appartenait non aux habitants, mais à la commune, n'en aboutissaient pas moins à la même conclusion, au point de vue de l'admission des étrangers à l'affouage. Cette jurisprudence était basée sur la loi du 10 juin 1793 qui définit la commune « une société de citoyens ». Ce sont donc, disait-on, les citoyens seuls qui peuvent participer au produit des bois, dont la commune est propriétaire.

Ce système, qui était adopté généralement par les tribunaux (1), était également admis par l'Administration. Une lettre du Ministre de la Justice, en date du 25 novembre 1825, se prononçait dans ce sens : « Il faut, disait le Ministre, être citoyen français pour jouir des bénéfices communaux et réunir à cette qualité un domicile d'un an dans la commune; d'où il

(1) Dalloz 1846 (table au mot affouage). Un arrêt de la Cour de Colmar du 3 juillet 1846 basait une décision prise dans cens sur cette considération que « la participation à l'affouage est un avantage que l'on peut regarder, indépendamment de tout autre motif, comme l'accessoire et la compensation de certaines charges, telles que l'assujettissement à la loi du recrutement, le service de la garde nationale, etc. ; que pour être astreint à ces charges, il ne suffit pas de résider dans une commune, il faut encore avoir la qualité de Français ».

suit qu'il n'y a qu'un Français ou un étranger, devenu Français par des lettres de naturalisation, qui puisse participer à cette jouissance. Ainsi, ni le seul fait d'une habitation prolongée, ni l'admission à jouir des droits civils ne font participer l'étranger au partage des biens communaux. Ce que la loi prescrit, le simple esprit de justice, la raison et la prudence l'auraient conseillé et fait établir. Il ne serait ni juste ni convenable que des étrangers, quels qu'ils soient, qui viennent s'établir dans une commune de France, participent avec les habitants de cette commune des avantages qui leur sont propres. Admettre ce partage en principe, ce serait faire un appel à tous les indigents des pays limitrophes de venir résider en France ». Une décision du Ministre de l'Intérieur de 1855 (1) dit également et, presque dans les mêmes termes, que ni le fait d'une habitation prolongée, ni l'exercice de droits civils attachés dans certains cas à la résidence, ne peuvent conférer aux étrangers venant s'établir dans une commune le droit de profiter des avantages qui sont propres aux communautés.

Deuxième système. — Mais ce système était discuté. Certains lui opposaient l'art. 542 du Code Civil qui reconnaît aux « habitants » de la commune

---

(1) *Bulletin du Ministère de l'intérieur* 1856, p. 114.

le droit de participer au produit des biens communaux. A la vérité, il semble bien difficile de tirer argument des termes de cet article qui sont empruntés précisément à la loi du 17 juin 1793, laquelle qualifie la commune de « société de citoyens ». Il paraît évident que de même que cette loi, l'article 542 du Code Civil, en employant le mot « habitants » n'avait songé qu'aux Français domiciliés dans la commune et n'avait nullement en vue d'admettre les étrangers à participer soit à la propriété soit au produit des biens communaux.

La principale objection qui nous paraît devoir être faite à cette théorie, c'est qu'elle est basée sur les termes de la loi du 10 juin 1793, laquelle, ainsi que nous l'avons dit, n'est pas applicable aux bois.

Ce sont, d'ailleurs, d'autres arguments, qui amenèrent la Cour de Cassation à adopter une jurisprudence différente de celle du Conseil d'Etat, jurisprudence libérale, d'après laquelle les étrangers, même non admis à domicile en France par une autorisation gouvernementale, pouvaient prétendre aux affouages communaux par le seul fait de l'établissement de leur domicile dans la commune. Ces arguments ont été développés, notamment dans les conclusions de M. l'avocat général de Raynal, à la suite desquelles la Cour de Cassation, dans un arrêt du 31 décembre 1862 (1), trancha dans le sens de l'affirmative, la question de savoir s'il était possible de comprendre les étrangers parmi les affouagistes. D'après le système de la Cour de Cassation, le droit à l'affouage appartient à quiconque occupe ou exploite une maison sur le territoire d'une commune; il appartient donc aux étrangers en vertu des lois qui leur permettent de résider et même d'être propriétaires en France. Le droit d'affouage n'étant, d'autre part, d'après M. de Raynal, qu'une servitude réelle, peut appartenir aux étrangers comme tous les autres droits réels. Enfin, l'arrêt de la Cour de Cassation ajoutait que l'art. 105 du Code forestier, en fixant d'une manière limitative les conditions d'aptitude, n'avait nullement fait allusion à la nationalité et, qu'ainsi, la condition des étrangers devait être absolument assimilée à celle des Français, en matière d'affouage communal.

Troisième Système. — Entre ces deux théories absolument apposées de la Cour de Cassation et du Conseil d'Etat, on en avait soutenu une troisième que la jurisprudence n'avait pas généralement adoptée, bien qu'un arrêt de la Chambre des re-

____

(1) Dalloz, 1863, 1.5 et la note. — Dans le même sens, Besançon, 25 juin 1860. — Dalloz, 1860, 2.152. — Cour de Cassation 21 juin 1861. — Dalloz, 1862, 1.251. — Dalloz, 1865, 2.208.

quêtes du 26 février 1838 (1) l'ait admise. Mais un certain nombre d'auteurs (2) la considérait comme donnant la solution de la question. D'après ce système, en principe, les étrangers n'étaient pas admis à participer à l'affouage communal, mais exception était faite en faveur des étrangers autorisés, conformément à l'article 13 du Code Civil, à établir leur domicile en France.

On faisait fort justement remarquer que la loi exigeait des affouagistes non seulement le fait de l'habitation mais aussi la justification d'un domicile dans la commune. Seuls, parmi les étrangers, ceux qui se trouvaient dans la situation prévue par l'article 13 du Code Civil pouvaient prétendre remplir cette seconde condition et réclamer une part dans les distributions affouagères.

Actuellement la question n'a plus qu'un intérêt rétrospectif. En effet, l'application du système adopté par la Cour de Cassation avait soulevé de nombreuses réclamations et motivé des protestations, notamment de la part des habitants de la région du Sud-Est de la France. Des pétitions signalaient, comme l'avait d'ailleurs prévu la circulaire ministérielle que nous avons citée, une

____

(1) Dalloz. 1838. 1. 132.

(2) Migneret. *Traité de l'affouage*, n° 249. Serrigny. *Droit public*, t. 2. p. 260.

véritable invasion d'étrangers, attirés dans les communes riches en forêts par l'appât de la participation au produit de ces forêts. Ces protestations aboutirent au vote de la loi du 18 juillet 1874 reproduite plus tard dans la loi de 1883 et qui règle définitivement la situation des étrangers au point de vue de l'affouage.

Cette loi ne fait que consacrer le troisième système indiqué plus haut. « L'étranger, dit-elle, qui remplira les conditions indiquées par l'article 105 du Code Forestier ne pourra être appelé au partage qu'après avoir été autorisé, conformément à l'article 13 du Code civil, à établir son domicile en France ».

Le système adopté par la loi est en résumé un système intermédiaire entre celui de la Cour de Cassation et celui du Conseil d'Etat.

M. Mazeau dans son rapport du 24 mars 1874 (1) exposait avec une grande netteté la question : « A peine, disait-il, est-il nécessaire de remarquer que les motifs qui ont dicté la décision du Conseil d'Etat ou de la Cour de Cassation ne peuvent avoir sur les résolutions de l'Assemblée une influence prépondérante. Ces motifs sont puisés dans l'interprétation des textes. Ceux qui déterminent l'Assemblée doivent s'inspirer de l'intérêt public.

(1) Annexe n° 2334. *Journal Officiel* des 23 mai, 19 et 26 juin 1874.

« Quelle est donc, des deux solutions en présence, celle qui donne le plus surement satisfaction à cet intérêt ? Ni l'une ni l'autre, selon nous ; toutes deux ont le tort d'être trop absolues. D'une part, en effet, le bien général n'exige-t-il pas qu'on éloigne des communes propriétaires de forêts, les indigents des contrées limitrophes de la France, disposés à s'installer dans ces communes, soit afin d'échapper à la vindicte publique pour des méfaits commis chez eux, soit afin de se soustraire au service militaire, à la fois dans leur pays et dans le notre, tout en jouissant des avantages que leur procure leur établissement sur le territoire français ?

« D'autre part, ce même intérêt ne demande-t-il pas tout aussi impérieusement que nous recevions avec faveur les étrangers honnêtes, aimant le travail, qui apportent à notre industrie et à notre agriculture le concours de leur habileté et de leurs bras ? »

Dans ces conditions, M. Mazeau estimait que le Gouvernement avait, avec raison, cru trouver la solution de la question en « ajoutant aux conditions générales d'aptitude à l'affouage, prévues par l'article 105 du Code Forestier, une condition spéciale à l'étranger, celle d'avoir été admis par le Gouvernement français à établir son domicile en France, ce qui entraine pour lui, aux termes de l'article 13 du Code Civil, la jouissance de tous les droits civils. »

Cette théorie consacrée par la loi de 1874 et celle de 1883 a été vivement discutée et critiquée. Elle a paru inadmissible, notamment à ceux qui voient dans le droit d'affouage un droit de propriété ou une servitude réelle. Ils lui ont reproché de n'être basée sur aucun raisonnement juridique et de n'être inspirée que par la règle du juste millieu. A ces critiques, on peut répondre que, suivant l'expression de M. Mazeau, la loi de 1874, a, en tout cas, le grand avantage d'être inspirée par l'intérêt public et, en fait, en exigeant de l'étranger, comme condition préalable de son admission à l'affouage, l'autorisation administrative, le législateur a fait cesser les réclamations nombreuses des régions forestières. Sans doute, au point de vue libéral, on peut regretter que le système de la Cour de Cassation n'ait pas triomphé, mais il ne faut pas oublier que, dans les autres pays, l'étranger n'est pas admis aux mêmes avantages que les citoyens, notamment au point de vue de la jouissance des biens communaux. M. de Raynal le reconnaissait lui-même; mais, disait-il, « peut-être est-il de l'intérêt et de la dignité de la France de prendre, dans toutes ces questions internationales, l'initiative de la générosité ».

L'expérience a prouvé que cette initiative était bien rarement suivie et, qu'en la prenant, on jouait souvent un jeu de dupe. Quelques critiques qu'on puisse, en théorie, formuler contre, lui, dans la pratique, le principe de la réciprocité est le seul qui ménage les intérêts des nationaux.

Quoi qu'il en soit, la loi de 1874 a eu l'avantage de mettre fin aux controverses soulevées par la doctrine et aux hésitations de la jurisprudence, en décidant que l'étranger ne peut prétendre à l'affouage, s'il n'a obtenu, au préalable, l'autorisation administrative (1).

Lors même que la faveur sollicitée est accordée, elle n'a nullement un caractère définitif et elle peut être retirée si la conduite de l'étranger cesse de la justifier. Au cas de retrait de l'autorisation, l'étranger perd bien entendu tout droit à l'affouage. La résidence de fait, même sans esprit de retour, ne conférant à l'étranger aucun droit, la déclaration de résidence exigée en vertu de la loi du 8 août 1893 dans un intérêt de police n'a, bien entendu, aucune importance au point de vue de l'affouage.

Les conditions d'admissibilité des étrangers à l'affouage ont encore été précisées dans le rapport

---

(1) Pour obtenir celle-ci l'étranger doit aux termes du décret du 17 mars 1807, adresser une requête au Maire de la commune. Cette demande fait l'objet d'une enquête de la part de ce magistrat qui en transmet les résultats avec la demande au Sous-Préfet. Le décret d'autorisation est rendu sur le rapport du Ministre de la Justice, auquel le Préfet fait parvenir la demande, accompagnée de son avis sur la suite qu'elle comporte.

de M. Mazeau. De ce rapport, il résulte que l'étranger doit remplir, en dehors de la condition spéciale exigée par la loi de 1874, toutes les conditions exigées des Français. Il doit avoir notamment un domicile réel et fixe dans la commune, et c'est aux tribunaux compétents qu'il appartient, en cas de doute, de voir si l'étranger prétendant droit a dans la commune son principal établissement, s'il peut être considéré comme y étant domicilié, au sens du Code Civil.

Il n'est astreint d'ailleurs à aucun stage particulier de résidence, et il ne perd pas son droit parce qu'au bout de dix ans, il n'a pas formulé de demande de naturalisation. L'autorisation par décret est donc à la fois nécessaire et suffisante pour permettre à l'étranger d'être compris au nombre des affouagistes, lorsqu'il remplit les autres conditions légales. Pour réclamer utilement son inscription sur le rôle d'affouage, il faut, bien entendu, qu'il ait obtenu cette autorisation à l'époque où il faut se placer pour déterminer qui a droit à l'affouage. Nous rechercherons plus loin quel est ce moment.

On peut se demander si l'avantage que l'étranger peut tirer, au point de vue de l'affouage, du décret d'autorisation est strictement personnel, ou si, à sa mort, sa femme, devenant chef de famille, au sens de la loi de 1883, peut le conserver sans avoir à solliciter une nouvelle autorisation ? L'hypothèse

n'a pas été envisagée et la jurisprudence n'a pas
encore eu à se prononcer à ce sujet. Il semble,
toutefois, que la question doive être tranchée par
l'affirmative, sous la réserve seulement que, du
vivant du mari, la femme ait eu le même domicile
de fait que lui. Légalement, en effet, elle ne saurait
en avoir un autre, et les bénéfices que son mari tire
d'une autorisation de domicile paraissent devoir
s'étendre à elle.

Telles sont les règles posées par la loi de 1874.
La loi de 1883 n'a fait qu'en reproduire les termes
et n'a rien changé à l'état de choses fixé par cette
loi en ce qui concerne l'aptitude des étrangers à
l'affouage.

CHAPITRE III

DE LA QUALITÉ DE CHEF DE FAMILLE

L'article 105 du Code Forestier exigeait, comme condition d'aptitude au droit d'affouage, la qualité de « chef de famille et de maison ». La loi de 1883 a maintenu cette condition et, en même temps, l'a précisée en déclarant que « sera considéré comme chef de famille ou de maison tout individu possédant un ménage ou une habitation à feu distincte, soit qu'il y prépare la nourriture pour lui ou les siens, soit que, vivant avec d'autres à une table commune, il possède des propriétés, qu'il exerce une industrie distincte ou qu'il ait des intérêts séparés ».

On a fait remarquer que, nulle part ailleurs, on ne trouve, dans nos lois, l'expression de « chef de famille » employée par le législateur de 1827, et on a discuté sur la portée de ce mot. Faut-il y voir un souvenir du droit romain qui considérait comme *paterfamilias* la personne *sui juris* indépen-

dante de toute autre? L'art. 105, en employant
cette expression, entendait-il impliquer qu'outre
l'indépendance dans la famille, le prétendant droit
à l'affouage devait également remplir certaines
conditions au point de vue de la paternité. Lors
du vote de la loi, on a voulu donner ce sens à
l'expression employée. Le résultat — c'était, d'ailleurs, le but de ceux qui soutenaient cette théorie —
eut été d'exclure du droit à l'affouage certaines
personnes et notamment les curés et les desservants. Le législateur n'a pas admis cette idée, et,
pour bien l'indiquer, a ajouté au texte primitif les
mots « ou de maison », qui permettent de comprendre dans les prétendants droit à l'affouage,
aussi bien les célibataires que les gens mariés, et
ceux-ci, qu'ils aient ou non des enfants. En réalité,
l'expression de chef de famille a semblé la plus propre
au législateur pour désigner tout individu maître
de sa personne et indépendant, du moins dans sa
propre maison, de toute autorité familiale : « celui
qui est maître de sa personne, de son logis et de
ses biens » (1),

La loi n'a établi, en ce qui concerne le droit à
l'affouage, aucune distinction, au point de vue du
sexe. La femme veuve et la fille majeure peuvent y
prétendre aussi bien que les célibataires. Il n'en

____

(1) De la Grye. — Régime forestier, p. 72.

est toutefois ainsi que depuis la loi de 1883, qui a supprimé les anciens usages, car un grand nombre de ceux-ci, nous l'avons déjà dit, les excluaient du droit à l'affouage.

La loi de 1883 distingue deux hypothèses : le prétendant droit à l'affouage « possède un ménage ou une habitation à feu distincte », « y prépare la nourriture pour lui et les siens », ou bien il vit « avec d'autres, à une table commune ».

Dans ces deux cas, la loi pose une condition : « avoir un ménage ou une habitation à feu distincte (1) ».

Que faut-il entendre par ces mots ? En les prenant dans leur sens strict, on pourrait dire, conformément à une lettre préfectorale, que, « par chef de famille, on doit seulement entendre celui qui a une habitation à feu distincte, c'est-à-dire, entièrement séparée de celle de sa famille et n'ayant avec celle-ci aucune communication directe. Plusieurs habitants vivant en commun ou ayant des habitations communiquant l'une avec l'autre, ne constituent qu'un seul ménage et n'ont par conséquent droit qu'à un seul affouage ». Un avis du Ministre de l'Inté-

---

(1) La loi ne distingue d'ailleurs nullement, suivant que l'habitant est propriétaire ou locataire de la maison qu'il habite en vertu d'un bail ou d'un engagement verbal. Cour de Cassation, 13 juin 1892. Dalloz, 1892, 1,456.

rieur (1), consulté à ce sujet, a fort justement
repoussé cette théorie, qui se concilie difficilement
avec le texte et l'esprit de la loi de 1883, en faisant
remarquer que celle-ci avait voulu, au contraire,
donner à l'expression « chef de famille » l'interprétation la plus large.

Tout récemment, le Conseil de Préfecture de l'Ain
a été appelé à se prononcer sur la question de
savoir si le père et la fille, habitant sous le même
toit, mais ayant leurs appartements absolument
distincts, des intérêts séparés et préparant chacun
de son côté sa nourriture (2) pouvaient prétendre
l'un et l'autre à un lot d'affouage. La commune objec-
tait que, si la porte qui séparait les deux logements
fermait, à la vérité, à clef, il fallait remarquer que
le père et la fille possédaient tous deux une clef,
afin de pouvoir, le cas échéant, et notamment en
cas de maladie se porter secours. Avec raison, le
Conseil de Préfecture saisi, a reconnu fondée la
réclamation des prétendants droits, en motivant sa
décision sur ce fait que la loi exigeait, non point
une habitation absolument séparée et isolée, mais
simplement une habitation distincte (3).

(1) *Revue générale d'Administration*, 1895, 3.198.

(2) Arrêt de la Cour de Besançon, 31 janvier, refusant le droit
à l'affouage dans un cas où ces conditions ne se trouveraient
pas remplies. Dalloz, 1896, 1.456.

(3) A ce sujet, voir également : Conseil d'Etat, 8 mai 1896.
Dalloz, 1897, 3, 46.

L'habitation ne doit pas seulement d'ailleurs remplir cette condition, elle doit de plus être « à feu » et le Sénat a pris soin d'ajouter ces mots au texte primitif de la loi.

Faut-il en conclure que l'élément matériel d'un feu est indispensable pour obtenir un lot d'affouage. En d'autres termes, que signifie le mot « feu » employé par le législateur. Comme l'indiquait Migneret (1), ce mot est synonyme de ménage et dès lors, on voit d'autant moins l'utilité de l'addition faite par le Sénat, que le fait matériel d'avoir un feu ne suffirait pas pour conférer de plano le droit d'être inscrit au rôle d'affouage. S'il en eut été ainsi, le législateur se serait, en effet, contenté de dire que le partage de la coupe affouagère se fait par feu et il n'eut pas eu besoin de préciser sa pensée en ajoutant « c'est-à-dire par chef de famille ». L'expression « c'est-à-dire » aurait, à notre avis, dû être remplacée par les mots « ou plutôt ». Ce serait en effet une erreur de croire que, dans une même famille, il suffirait à chacun des membres, tout en restant unis par des intérêts communs, par l'exercice de la même industrie ou l'habitation de la même maison, de préparer ses repas à part pour avoir droit à un lot d'affouage. Du fait qu'un d'eux resterait le chef de famille, au

____

(1) *Traité de l'affouage*, p. 203.

sens de la loi, résulterait que celui-là, à l'exclusion des autres, pourrait seul être inscrit sur le rôle d'affouage. Quiconque en effet se trouve, soit par l'effet de la loi, soit en vertu d'un contrat, sous la dépendance d'une autre personne et habite avec elle, est par le fait même, privé de l'affouage.

Le premier cas indiqué par le législateur, c'est-à-dire l'hypothèse où le prétendant droit prépare dans son habitation sa nourriture et celle des siens soulève peu de difficultés. Nous examinerons cependant plus loin certaines situations que la loi n'a pas expressément prévues, mais sur lesquelles la doctrine ou la jurisprudence ont été amenées à se prononcer.

C'est une innovation de la loi de 1883 d'avoir prévu le cas où le prétendant droit vit « avec d'autres à une table commune ».

Jusque-là on se basait sur le mot « feu » pour prétendre que la condition essentielle, pour avoir droit à l'affouage, était d'avoir, non seulement un ménage distinct, mais aussi une habitation où l'on préparât en fait sa propre nourriture et celle des siens.

Il y a pourtant des cas où une telle jurisprudence semblait inadmissible. Pouvait-on l'appliquer, par exemple, au célibataire qui, ayant sa maison, son patrimoine distinct, mangeait à l'auberge ? On reconnaissait que l'affouage, ayant avant tout pour but le chauffage, il y avait là une sorte d'injustice et d'inégalité. La loi de 1883 a mis fin à toute hésitation en déclarant formellement qu'on pouvait être inscrit sur le rôle d'affouage bien que vivant avec d'autres à une table commune (1).

Mais il ne faut pas que le fait de manger avec d'autres, de ne pas préparer sa propre nourriture dans sa maison, entraîne une sorte d'infériorité, de dépendance pour celui qui se trouve dans ces conditions. Ainsi, dans un commerce dirigé par deux associés, l'un d'eux peut, sans perdre son droit à l'affouage, prendre ses repas chez son co-associé habitant, par exemple, plus près que lui du lieu du commerce, mais il ne faut pas que de ce fait résulte une sorte de subordination qui lui ferait perdre sa situation d'associé pour l'assimiler à un domestique vivant chez son maître.

Le législateur a indiqué certains éléments qui permettent aux tribunaux, dans cette seconde hypothèse, d'apprécier si un réclamant doit être considéré comme chef de famille. Ces éléments sont : la profession distincte, les intérêts séparés et notamment les propriétés divisées.

(1) Un arrêt de la Cour de Bourges, 30 octobre 1889. (Dalloz 1890, 2.165. *Revue générale d'Administration*, 1890, 1.204), a été plus loin et décide que, même le fait de coucher chez une autre personne, est sans influence sur l'admission à l'affouage, pourvu que le prétendant droit ait son ménage et une habitation à feu distincte.

Il est bien évident, et les termes de la loi l'indiquent clairement, qu'il n'est nullement nécessaire de réunir ces diverses conditions pour avoir droit à l'affouage quand l'on vit avec d'autres à une table commune. Il ne suffit pas, d'autre part, d'avoir une profession distincte et des intérêts séparés pour être de droit considéré comme chef de famille et on ne saurait être tenu pour tel si on est sous la dépendance d'une autre personne.

En cas de contestation, c'est aux tribunaux compétents, c'est-à-dire aux Conseils de Préfecture, qu'il appartient de rechercher si le prétendant droit à une profession distincte ou des intérêts séparés. Le cas échéant, ils ordonnent une enquête, en vue de constater l'existence des faits allégués par le demandeur et dont la commune conteste l'exactitude.

Dans l'esprit de la loi, la « profession distincte » ne veut pas dire une « profession différente ». La majeure partie des affouagistes se compose en effet de cultivateurs, de gens exerçant la même profession. Mais celle-ci peut être néanmoins distincte pour chacun d'eux par le fait que le salaire est personnel, qu'il s'agisse de cultivateurs travaillant pour d'autres ou que chacun d'eux travaille à son compte ou séparément.

Il faut toutefois, pour qu'il puisse en tirer argument, que la profession exercée par le prétendant droit lui procure un bénéfice suffisant. On ne saurait tenir compte du fait qu'il s'emploie, de temps en temps, moyennant un salaire, si, en fait, il n'en était pas moins à la charge et sous la dépendance de ceux avec lesquels il vit.

Le second élément indiqué par la loi et qui permet de reconnaître si, oui ou non, une personne peut être considéré comme chef de famille et avoir droit à l'affouage consiste dans le fait d'avoir des intérêts séparés et notamment des propriétés divisées.

Se basant sur le texte de la loi, les réclamants présentent fréquemment, à l'appui de leur demande un acte de partage qui suffirait, d'après eux, à prouver que bien que vivant à la table commune, ils ont des intérêts séparés. La jurisprudence très nette des Conseils de Préfecture repousse en pareil cas, leur prétention quand, en fait, ils mettent en commun leurs biens et leurs ressources et que l'état de choses existant est en contradiction avec celui établi par l'acte de partage.

De même le fait que, dans un contrat de mariage, il a été stipulé que le jeune ménage aurait l'usage d'une partie de la maison ne suffit pas pour que celui-ci soit considéré comme ayant une « habitation distincte », quand, en réalité, il habite chez les parents de l'un des époux sans que l'appartement occupé soit séparé du reste de la maison. Il faut se préoccuper de la situation de fait plus que des clauses insérées dans les actes. (1).

La loi de 1883 ne fait pas allusion à un autre élément d'appréciation dont les tribunaux tiennent souvent compte (2) et dont les prétendants droits tirent fréquemment argument. Nous voulons parler de l'inscription au rôle des contributions.

Le silence de la loi sur ce point est certainement intentionnel. Elle n'a pas voulu fournir un argument à ceux qui ne voyaient dans le droit à l'affouage qu'un avantage accordé aux habitants en compensation des charges communales supportées par eux. Certains usages assez rares admettaient cette idée et, comme conséquence, excluaient les prolétaires du nombre des affouagistes. Dès 1729, un arrêt du Parlement de Besançon avait déclaré cette exclusion non fondée, comme contraire à la fois à l'humanité et à la nature même du droit d'affouage. Un avis du Conseil d'Etat du 26 avril 1808 a tranché la question en déclarant qu'il serait inique de priver ceux-là précisément qui en ont le plus besoin, d'un avantage auquel ils ont droit au même titre que les autres habitants. La jurisprudence n'a d'ailleurs jamais varié (3) à ce sujet et tous les

(1) Conseil de Préfecture de l'Ain, 17 mai 1898.

(2) Bourges, 30 Octobre 1889. Dalloz 1890. 2 195.

(3) Tribunal de Vesoul, 26 Décembre 1881. R. G. A. 1882, 1. 336. « Il est difficile de douter que la rédaction de l'art. 105,

auteurs ont reconnu que quiconque remplissait les conditions légales pouvait prétendre à l'affouage sans avoir à justifier qu'il participait aux charges de la commune pour le paiement de l'impôt.

Il ne faut donc voir dans l'inscription au rôle de la contribution personnelle qu'un fait de nature à faire considérer le prétendant droit comme chef de famille, qu'une présomption à l'appui de sa prétention et non une condition indispensable pour être inscrit au rôle d'affouage.

---

adopté après mûres délibérations, n'ait eu précisément en vue de faire cesser à l'avenir toutes controverses sur le point de savoir si des citoyens non imposés aux rôles des contributions directes, de simples locataires, des prolétaires en un mot, auraient, quant à la distribution des bois d'affouage, des droits égaux à ceux dont jouissaient les propriétaires fonciers sur le territoire des villages dotés de forêts communales ».

CHAPITRE IV

DOMICILE

Le prétendant droit à l'affouage devait, en second lieu, aux termes de l'article 105 du Code Forestier, justifier d'un domicile réel et fixe dans la commune et, après une discussion, la loi de 1883 s'est contentée de reproduire les mêmes expressions. D'après le Code Civil, le domicile est le siège du principal établissement. L'article 105 veut-il donc parler du domicile, tel qu'il est défini par le Code Civil ou bien la loi, en ajoutant les mots « réel et fixe » a-t-elle voulu indiquer qu'il s'agissait d'un domicile particulier et que l'acquisition du domicile relatif à l'affouage était subordonnée à une résidence d'un certain temps dans la commune ?

Ces deux systèmes ont été soutenus.

La plupart des anciens usages exigeaient pour être admis à l'affouage une résidence d'un an et un jour ayant immédiatement précédé la demande formulée dans ce but. Certains auteurs ont dès lors prétendu que c'était uniquement en vue de maintenir cette exigence que le Code Forestier avait indiqué comme condition pour prétendre à l'affouage, le domicile « réel et fixe » dans la commune. Ce domicile serait ainsi absolument distinct de celui du Code Civil.

On peut faire remarquer à l'appui de ce système que, dans plusieurs autres cas, le législateur a établi des domiciles spéciaux, comme le domicile politique et le domicile relatif au mariage. Il existe également des dispositions des lois administratives qui établissent des domiciles particuliers : notamment en matière de contribution personnelle (1), de prestations en nature (2), de distribution de secours publics (3) enfin au point de vue militaire (4).

Les principaux arguments qu'on peut invoquer en faveur de la théorie d'après laquelle le domicile affouager devrait être compris parmi les domiciles spéciaux sont exposés dans une décision du Ministre des Finances du 30 août 1830, rendue conformément à un avis exprimé par l'Administration des

----

(1) Loi du 21 avril 1832, art. 13.

(2) Loi du 21 mai 1836, art. 3.

(3) Décret du 25 vendémiaire an II et loi de 1893.

(4) Loi du 15 juillet 1889, art. 10.

forêts. En réalité, cette décision est basée plutôt sur des considerations d'intérêt public que sur des raisons juridiques.

Il est nécessaire, dit-elle « d'écarter de la distribution de l'affouage, les personnes qui, bien que domiciliées dans une commune, n'y sont pas fixées d'une manière permanente ». A la vérité, et nul ne songe à le contester, il est regrettable de voir les lots des habitants domiciliés et résidant dans la commune, diminués par l'inscription au rôle de personnes pour qui l'affouage constitue un simple avantage et ne correspond pas à des besoins. Il n'est pas douteux que l'affouage se trouve ainsi détourné de son véritable but, de sa vraie destination. Encore faut-il, pour exclure tel ou tel, avoir un critérium et baser le refus sur un texte formel ou du moins sur un argument indiscutable.

Pour aboutir à ce résultat, la décision ministérielle du 30 août 1830 a essayé d'assimiler le lot d'affouage à un secours accordé par la commune aux habitants. Il serait dès lors nécessaire, pour y prétendre, de justifier d'une résidence suffisante pour conférer le droit aux secours publics dans la commune. On oublie que ce n'est ni à la doctrine, ni à la jurisprudence qu'il appartient d'établir une semblable assimilation, mais au législateur seul. Celui-ci, bien loin d'y songer, a voulu que le partage de la coupe affouagère fut avant tout basé sur le principe de l'égalité entre les habitants. Il a voulu que les indigents, même ceux qui ne paient aucune contribution, aient leur part, mais sans, pour cela, que les riches en fussent exclus. L'assimilation indiquée par la décision du 30 août 1830 constitue donc une simple hypothèse. Elle aboutirait d'ailleurs, si l'on en déduisait toutes les conséquences, à des résultats inadmissibles. Pourquoi en effet exiger, dans ce cas, des affouagistes, une seule des conditions nécessaires à l'obtention des secours publics et, d'autre part, ne faudrait-il pas reconnaître que le droit à l'affouage ne saurait, dans ces conditions, se perdre que par les circonstances qui entraînent la perte du droit aux secours publics ?

On dit généralement que cette décision a été rapportée par une autre, postérieure, du 9 décembre 1832, conforme à un avis du Ministre du Commerce. En réalité, cette dernière décision se contentait d'indiquer un système sensiblement analogue. Elle proposait de n'exiger la résidence annale que de ceux qui n'auraient pas fait, lors de leur arrivée, à la mairie de la commune la déclaration expresse prévue par l'article 104 du Code civil. Cette solution ne serait admissible que si le législateur avait décidé que, pour avoir droit à l'affouage, il était nécessaire d'avoir, non pas un domicile « fixe et réel », mais un domicile « prouvé ». Encore pourrait-on

dire que, nulle part, il n'a établi une sanction au
défaut de déclaration, que, bien au contraire, il a
décidé que celle-ci pouvait être remplacée par un
ensemble de présomptions et, dans ces conditions,
il n'est pas possible de suppléer au silence de la
loi. Le Ministre du Commerce, dans l'avis qu'il
exprimait, reconnaissait d'ailleurs implicitement
l'impossibilité de baser un tel système sur des
textes ou des arguments précis et se contentait
d'indiquer qu'il y avait lieu « de laisser à cet égard
aux communes la plus grande latitude et de leur
abandonner le soin de décider, s'il y a lieu d'admettre ou non à l'affouage les habitants qui se
trouvent dans ce cas ».

La jurisprudence n'avait pas hésité pourtant à se
conformer à la décision de 1830 (1) et à conclure
des mots « réel et fixe » employés par l'article 105
qu'il était nécessaire d'avoir une résidence annale
pour être inscrit au rôle d'affouage. C'était, disait-
on, le seul moyen d'éviter qu'une même personne
puisse obtenir un lot d'affouage dans deux communes. Il n'en est rien, car — nous le verrons — il faut
remplir les conditions légales et notamment celle
du domicile à un moment précis, qui est sensible-

____

(1) Ordonnance du Conseil d'Etat du 20 juillet 1884 sur arrêt
de conflit du Préfet du Jura, *Gazette des Tribunaux*, 26 septembre 1884.

ment le même dans toutes les communes, pour pouvoir réclamer son inscription au rôle.

Il paraît, d'ailleurs, difficile, actuellement, de soutenir un tel système et de considérer le domicile affouager comme distinct de celui du Code Civil. Lors de la discussion de la loi de 1883, une addition, qui avait pour but d'établir la nécessité d'une résidence antérieure à la demande d'inscription au rôle, a été formellement repoussée.

Certains tribunaux avaient déjà reconnu, d'ailleurs, que le domicile réel et fixe, exigé par l'art. 105 du Code Forestier, n'était autre que le domicile réel déterminé au titre 3, livre I du Code Civil, et qu'il s'acquiert, dès lors, indépendamment de toute autorisation ou d'une résidence préalable, par la volonté de l'individu.

Pourquoi, peut-on objecter, la loi a-t-elle donc pris la peine d'ajouter les mots « réel et fixe » ? N'y a-t-il pas là une simple redondance et une addition au moins inutile ?

En disant que le domicile affouager devait être réel, le législateur a voulu indiquer qu'en pareille matière il ne saurait être question de « domicile élu » et qu'il s'agissait du domicile dont l'établissement résulte de la double circonstance du fait et de l'intention, sans que cette dernière, même manifestée par une déclaration, puisse suffire.

En le qualifiant de fixe, il a voulu surtout écarter ce qu'on pourrait appeler la résidence de plaisance et déjouer le procédé qui aurait consisté à feindre d'établir son domicile dans une commune affouagère, dans le seul but de participer au produit des bois. Il a donné ainsi aux tribunaux compétents un certain pouvoir d'appréciation sur le point de savoir si le domicile était fictif ou réel.

Mais il n'en résulte nullement que le domicile affouager constitue un domicile spécial. La meilleure preuve en est qu'il ne saurait être en un lieu autre que celui où le prétendant droit a son principal établissement, tandis qu'on peut avoir un domicile politique distinct du domicile civil. Il suffit à une commune de prouver qu'une personne a, dans une autre commune, son domicile, au sens du Code Civil, pour se trouver en droit de refuser l'inscription de cette personne sur la liste affouagère.

D'autre part, le domicile affouager se prouve, comme le domicile civil, soit par une déclaration expresse dans les conditions indiquées par l'art. 104 du Code Civil, soit par un ensemble de présomptions telles que le fait de l'habitation dans la commune avec les siens, le paiement des impôts personnels et l'exercice des droits politiques.

La question se pose de savoir s'il faut, de l'assimilation du domicile affouager et du domicile civil, tirer cette conséquence qu'il appartient à l'autorité judiciaire, lorsqu'il s'élève un doute au sujet de l'existence du domicile, de trancher préjudiciellement ce point (1). Nous aurons à examiner cette question en traitant de la compétence en matière d'affouage.

En indiquant la façon dont doit être établi le rôle d'affouage, nous verrons à quel moment les conditions légales doivent être remplies, et notamment à quel moment il est nécessaire de justifier de son domicile dans la commune pour pouvoir réclamer son inscription.

----

(1) Tribunal des conflits, 10 avril 1850. — Dalloz, 1850. 3,49. — Conseil d'Etat, 5 avril 1851. — Dalloz, 1851, 3.3.— Conseil d'Etat, 8 décembre 1853. — Dalloz, 1854, 3.66.

CHAPITRE V

DU DROIT A L'AFFOUAGE DANS CERTAINS CAS PARTICULIERS

Nous avons étudié les conditions indiquées par la loi pour pouvoir prétendre à l'affouage. Dans de nombreux cas, on peut hésiter pour savoir si ces conditions sont remplies, de là provient la fréquence des procès en pareille matière. Nous allons examiner un certain nombre de ces situations, voir la solution que semble adopter à leur sujet la jurisprudence des Conseils de Préfecture, et nous rechercherons plus loin, dans notre conclusion, si le texte de la loi de 1883 ne pourrait pas être modifié en vue d'établir, d'une façon plus nette et plus équitable, les conditions qui permettent d'obtenir un lot d'affouage.

Le doute sur la question de savoir si un prétendant droit remplit les conditions légales vient généralement, soit de la situation de famille de cette personne, soit de sa situation sociale. Nous étudierons successivement ces deux hypothèses dans deux paragraphes distincts.

PARAGRAPHE PREMIER

Cas où le doute résulte de la situation de famille des prétendants droit

A. *Mineurs*. — Dans la pratique, la question se pose rarement de savoir si un mineur peut prétendre à un lot d'affouage. Le mineur, vivant, en effet, du moins généralement, chez ses parents ou toute autre personne, n'a pas d'habitation distincte. Il ne peut, dans ces conditions, être considéré comme chef de famille, même au sens très large que la loi de 1883 donne à ce mot, et ne saurait prétendre à l'affouage. Il faut pourtant envisager l'hypothèse où un mineur, après le décès de ses père et mère, continuerait à occuper la maison familiale et y vivrait, soit des ressources qu'il pourrait avoir, soit même du produit de son travail quelque faible que put être ce produit, en raison de son âge. Au point de vue de la justice et de l'humanité, nul n'aurait plus que lui droit aux distributions affouagères ; il n'est pas douteux cependant — et ce n'est pas un des moindres vices de la loi — qu'il pourrait s'en trouver privé (1). La loi, en effet, subordonne le droit de participer à l'affouage à une condition essentielle : avoir un domicile propre. Or, d'après l'article 108 du Code civil, le mineur n'en a d'autre que celui de son tuteur (2). Qu'importe dès lors qu'il réside dans la commune, qu'il y ait un domicile de fait et une habitation distincte ; si le tuteur est domicilié en dehors de la commune, c'est en ce dernier lieu que le mineur a son domicile légal et il ne remplit plus les conditions exigées par la loi pour participer au produit des bois de la commune affouagère où il réside. Si le tuteur a son domicile dans la même commune, la situation du mineur n'est pas plus avantageuse, car il ne pourrait réclamer un lot d'affouage qu'en raison du fait d'avoir une habita-

---

(1) En fait, et dans les circonstances très rares où le cas se présente, les Conseils municipaux n'hésitent pas, en général, à interpréter la loi dans un sens moins rigoureux. Il y a pourtant les inconvénients les plus sérieux à s'en remettre à leur pur arbitraire.

(2) S'il s'agit d'enfants abandonnés ou orphelins admis dans les hospices, la tutelle appartient à la commission administrative ei leur domicile est à l'hospice. S'il s'agit enfin d'enfants dont les père et mère ont été déchus de la puissance paternelle, la loi du 24 juillet 1889 a organisé une tutelle spéciale et si celle-ci est exercée par l'assistance publique, leur domicile n'est autre que celui de l'inspecteur départemental des enfants assistés.

Ces mineurs peuvent d'ailleurs rarement, en fait, avoir une habitation distincte.

tion distincte, mais, comme il a dans cette habitation sa résidence et non son domicile, sa demande pourrait également être écartée.

Proudhon a tenté en vain de justifier par un argument juridique l'admission du mineur, ayant une habitation distincte, à l'affouage. A la mort de ses parents, dit-il, il a conservé son ancien domicile « réel et fixe » et n'a perdu que son domicile « purement civil ». Cette théorie, il faut l'avouer, est difficilement soutenable en présence des termes formels de l'art. 108 du Code civil. La loi n'a d'ailleurs nulle part fait allusion à l'existence d'un domicile « purement civil » et nous avons déjà vu que le domicile réel et fixe n'était autre que celui dont parle le Code Civil (1).

On peut donc désirer une réforme législative sur ce point, mais si les Conseils de Préfecture étaient appelés à se prononcer sur cette question, ils ne pourraient que constater l'impossibilité de contraindre les Conseils municipaux à inscrire les mineurs au rôle d'affouage.

B. *Mineurs émancipés.* — Un seul fait peut les mettre en état de réclamer utilement leur inscrip-

---

(1) Rousset (*Dictionnaire des forêts*), dit que « le mineur orphelin, vivant avec son tuteur, n'a pas droit à l'affouage » et semble indiquer ainsi qu'il pourrait y prétendre s'il vivait seul. Mais il ne donne aucun argument à l'appui de cette idée.

tion : c'est l'émancipation. Le Code Civil ne dit pas expressément que celle-ci a pour conséquence de donner au mineur un domicile propre, mais nul ne l'a contesté, et cela résulte de ce que le mineur émancipé a le droit de gouverner sa personne et d'administrer ses biens. D'ailleurs, lorsqu'une fille mineure se marie, elle perd son ancien domicile en raison du mariage et de l'émancipation qui en est la conséquence. On ne saurait soutenir que, devenant veuve avant sa majorité, elle reprend le domicile de son tuteur. En fait et en droit, l'émancipation rompt donc bien le lien qui existe entre ce dernier et le pupille. Celui-ci acquiert immédiatement un domicile distinct et peut prétendre aux avantages qui résultent de cette acquisition.

c. *Interdits.* — Ce que nous avons dit des mineurs s'applique à l'interdit. Celui-ci, n'ayant également d'autre domicile que celui de son tuteur, se trouve privé d'un avantage qui lui serait d'autant plus utile, qu'il n'est généralement pas en état d'assurer son existence au moyen de son travail.

D. *Femme mariée.* — Nous avons déjà dit que la loi n'avait établi, en ce qui concerne le droit à l'affouage aucune distinction entre les sexes. La fille majeure peut donc réclamer son inscription au rôle si elle se trouve dans les conditions indiquées par l'article 105 du Code Forestier.

Par contre, la femme mariée, vivant avec son mari et dans sa dépendance, ne saurait être considérée comme chef de famille et n'a pas de domicile propre. C'est seulement au cas où elle devient veuve qu'elle peut prétendre à un lot d'affouage, le mariage qui lui retirait la situation de chef de famille et la possibilité d'avoir un domicile indépendant se trouvant dissous.

Nous examinerons plus loin les cas, où la dissolution du mariage résulte d'une autre cause.

E. *Femme vivant en fait séparée de son mari.* — Lorsque les deux époux sont vivants et qu'aucun jugement n'est intervenu, peu importe que la femme, pour quelque cause que ce soit, vive séparée de son mari (1). Le mariage continue à produire tous ses effets et l'un de ceux-ci est de donner à la femme, comme domicile conjugal, celui de son mari. Il en est ainsi, lors même qu'un jugement de séparation de biens serait intervenu et la femme ne pourrait obtenir son inscription au rôle de la commune affouagère en raison de sa résidence dans cette commune.

____

(1) Sur ce point, la loi actuelle est plus sévère que certains usages qui accordaient à la femme ayant ménage séparé, tout au moins une demi part d'affouage.

F. *Femme séparée de corps ou divorcée.* — Il n'en est plus de même au cas où le mariage est dissous par le divorce ou que la séparation de corps a été prononcée. La loi du 6 février 1893 (article 1), a décidé que, dans ce dernier cas, la femme cesse d'avoir pour domicile légal celui de son mari. Même avant cette loi, d'ailleurs, la jurisprudence avait reconnu que le droit de contrôle qui pouvait être exercé par le mari ne privait pas la femme de la faculté d'avoir un domicile propre et de pouvoir être ainsi inscrite personnellement au rôle d'affouage quand elle remplissait les conditions légales pour être considérée comme chef de famille.

G. *Femme dont le mari est absent.* — Lorsque le mari est « non présent », la situation de la femme est la même que lorsqu'elle vit séparée en fait de lui. Si elle continue à résider au lieu où le mari avait son domicile, la femme profite du lot d'affouage de celui-ci. En effet, le mari n'ayant pas perdu son domicile par suite d'une absence qu'on considère comme momentanée, continue à être inscrit au rôle d'affouage et les siens profitent du lot qui lui est attribué.

La situation est différente lorsque le tribunal a statué sur la présomption d'absence ou a fortiori sur la demande en déclaration d'absence. Le retour du mari devenant plus ou moins problématique, on ne peut admettre qu'il conserve d'une manière absolue son ancien domicile légal. La commune est en droit de le rayer de la liste des affouagistes. Mais la femme peut, dès lors, être considérée comme ayant un domicile propre et réclamer à son tour son inscription.

H. *Femme dont le mari est interné dans une maison d'aliénés.* — Le Conseil d'Etat a décidé que la femme mariée, dont le mari est placé dans un établissement d'aliénés, a la position de chef de famille et a droit aux distributions affouagères dans le lieu où elle établit son domicile. Dans l'espèce soumise au Conseil d'Etat, comme la femme était en même temps chargée de l'administration provisoire des biens du mari, il a paru aux juges qu'elle ne pouvait être considérée comme restant sous la dépendance de celui que la loi place précisément sous sa protection. Cette solution qui est certainement la meilleure au point de vue de l'équité est cependant discutable. Le fait de l'internement donne-t-il, en effet, le droit à la femme d'avoir un domicile propre et distinct? Les effets du mariage se trouvent-ils suspendus sur ce point, sans qu'il soit dissous et sans qu'aucun jugement soit intervenu? Cela nous paraît, tout au moins, douteux. Le mari en dépit de l'internement — qui est toujours censé avoir un caractère provisoire — conserve son domicile. Il peut réclamer son maintien au rôle d'affouage et la commune ne saurait lui opposer son absence qui n'est certainement pas sans esprit de retour. Dès lors, cette théorie, qui semble équitable, au cas où la femme s'installe postérieurement à l'internement dans une commune affouagère, n'aboutit-elle pas à lui donner le droit de réclamer dans la commune où elle résidait avec son mari et où celui-ci conserve son domicile et sa situation d'affouagiste un second lot d'affouage ?

I. *Père ayant fait un partage de ses biens.* — Il arrive souvent que le père, surtout dans les communes rurales, fait à ses enfants abandon de ses biens, moyennant l'engagement pris par eux de subvenir à ses besoins jusqu'à sa mort. Peut-il encore, dans ces conditions, être considéré comme chef de famille, au sens de la loi de 1883, lorsqu'il vit chez l'un d'eux, qui est lui-même inscrit sur la liste des affouagiste ? Indiscutablement non, et c'est ce qu'a décidé un arrêt récent du Conseil d'Etat (1). Mais cette jurisprudence est motivée par ce fait que le père a cessé d'avoir des intérêts séparés de ceux de ses enfants et non sur ce que la situation où il se trouve le met, pour ainsi dire,

(1) Conseil d'Etat, 19 février 1897 (*Recueil des arrêts*, 1897; p. 132).
Toulouse, 8 mars 1886. — Dalloz, 1886. 2. 225.

dans leur dépendance. C'est donc à tort qu'une commune refuserait l'affouage à un père qui, ayant des intérêts distincts de ceux de son fils, vivrait à sa table et l'aiderait parfois dans son travail, même moyennant salaire. Ce fait ne serait, en effet, pas de nature à l'empêcher de se prévaloir de sa qualité de chef de famille dans le sens de l'article 105 du Code Forestier (1).

PARAGRAPHE II

Cas où le doute résulte de la situation sociale
du prétendant droit

A. *Fonctionnaires, Curés, Desservants.* — Nous avons précédemment écarté le système d'après lequel le droit à l'affouage aurait son fondement dans un droit de société. Mais, ainsi que nous l'avons dit, cette théorie est encore actuellement celle qui est adoptée par le plus grand nombre des auteurs. Une des conséquences auxquelles elle aboutit semble être de refuser aux fonctionnaires toute part dans les coupes affouagères. Comment, en effet, les

(1) Conseil de Préfecture de l'Ain, 7 décembre 1897.

considérer, du moins quand leurs fonctions ont un caractère temporaire et révocable, comme membres de cette société de citoyens que constitue la commune. Le législateur, dit-on, d'ailleurs, a pris soin d'indiquer son intention d'exclure les fonctionnaires de la participation au produit des biens communaux en exigeant des prétendants droits un domicile fixe. Or, on ne saurait appliquer ce qualificatif au domicile d'une personne qui n'est installée dans une commune que pour y remplir une mission et qui peut, en raison même de sa situation et indépendamment de sa propre volonté, être contrainte, d'un instant à l'autre, à quitter cette commune d'une manière définitive. A l'objection qui consiste à faire remarquer que, de la discussion de l'article 105, il résulte que, dans l'esprit de la loi, les curés et les desservants ainsi que les instituteurs, peuvent être affouagistes, on répond que c'est là une simple exception, qui ne fait que confirmer la règle générale, en vertu de laquelle les fonctionnaires sont privés de l'affouage.

Un autre système consiste à ne leur accorder ce droit qu'au cas où ils ont fait, à leur arrivée dans la commune, la déclaration prévue par l'art. 104 du Code Civil.

Nous n'hésitons pas, quant à nous, à repousser ces deux théories. La première est, en effet, fondée sur l'idée que le droit d'affouage est un droit de société, et nous ne l'avons pas admis. Il ne nous paraît pas, d'autre part, admissible que le fonctionnaire soit dans l'impossibilité d'acquérir un domicile fixe, lorsque l'art. 106 du Code Civil dit que « le citoyen appelé à une fonction temporaire ou révocable conservera le domicile qu'il avait auparavant, s'il n'a pas manifesté d'intention contraire ». Il résulte bien de là, et par argument a contrario, que, lorsque au fait de la résidence vient se joindre l'intention, le fonctionnaire est considéré comme domicilié dans la commune où il se trouve.

La loi ne dit d'ailleurs nullement — et c'est pourquoi le second système que nous avons indiqué nous paraît non fondé — que l'intention de fixer son domicile doit se manifester, de la part du fonctionnaire, par une déclaration expresse. Elle peut tout aussi bien résulter des circonstances, comme l'indique l'art. 105 du Code Civil. Tout au plus, peut-on dire, avec M. Meaume (1), que « la présomption de l'art. 106 du Code Civil sera contre le fonctionnaire ». La jurisprudence s'est, d'ailleurs, prononcée dans ce sens (2).

B. *Militaires, Gendarmes, Douaniers.* — On est généralement d'accord pour refuser aux militaires

____

(1) Meaume, p. 157, note 4.
(2) Cour de Cassation, 11 juillet 1831. Dalloz, 1831. 1. 225.

tout droit à l'affouage. Cette opinion n'est pas discutable, si l'on considère comme tels ceux qui accomplissent leurs obligations militaires. Mais il nous semble qu'on ne saurait, par contre, refuser aux officiers, qui sont de véritables fonctionnaires, qui peuvent avoir un domicile et une habitation distincte, un avantage qu'on accorderait aux autres fonctionnaires.

Les mêmes raisons existent pour ne pas le leur refuser que celles qui l'ont fait accorder aux gendarmes. La jurisprudence semble même s'être définitivement prononcée en faveur de ces derniers et avoir reconnu leur droit d'une manière très large. Elle a repoussé la distinction qu'on avait tenté d'établir entre les gendarmes du service des brigades (1) et ceux qui sont casernés en plus ou moins grand nombre et a reconnu que, même à l'intérieur de la caserne, le gendarme peut être considéré, en raison des règlements militaires existants, comme ayant une habitation distincte.

Il en est de même pour les douaniers et ceux d'entre eux qui ont établi leur domicile dans le lieu où ils exercent leurs fonctions ont droit à l'affouage, comme les autres habitants (2). Une décision du Ministre des Finances du 29 décembre

(1) Dijon, 19 février 1873. Dalloz, 1873. 2. 25.

(2) Nancy, 16 décembre 1893. Dalloz, 1894. 2. 118.

1826 leur avait refusé ce droit, sous prétexte qu'ils exercent des fonctions temporaires (1). Mais nous avons déjà vu que ce fait ne les empêche nullement d'être considérés comme ayant un domicile fixe, au sens de l'artice 105 du Code Forestier.

c. *Voyageurs de commerce.* — Certaines personnes, en raison même de leur profession, séjournent peu dans la même commune. Elles n'en ont pas moins, à un endroit déterminé, leur domicile ; mais n'est-ce pas là le cas de dire que celui-ci ne saurait être qualifié de fixe ? C'est là une question d'appréciation pour les Conseils de Préfecture, appelés à se prononcer sur chaque espèce. Il paraît évident que le voyageur de commerce, célibataire, par exemple, a un domicile, puisque, en vertu de la loi, chacun doit en avoir un, mais que celui-ci correspond moins à la réalité qu'à une fiction légale. Il ne saurait donc réclamer une part d'affouage ; mais il n'en est pas de même de celui qui, bien qu'absent la majeure partie de l'année, a une famille installée dans le lieu où il a lui-même son domicile. Celui-là a réellement en ce lieu son principal établissement et, s'il remplit les autres conditions, doit être compris parmi les affouagistes.

(1) Meaume, p. 147 (note), et Dalloz, 1847. 3. 2.

D. *Domestiques, Ouvriers.* — La loi, en disant que seuls les chefs de famille seront appelés au partage des coupes affouagères, semble avoir exclu en premier lieu les domestiques. Mais il ne faudrait pas étendre la portée de cette exclusion, et il est bien évident que le législateur n'a nullement entendu dire que le fait d'exercer chez autrui, et moyennant salaire, des fonctions même qualifiées de serviles, pouvait priver du droit à l'affouage. Par domestique, il faut entendre ici celui qui est nourri et logé chez un patron, qu'il exerce, d'ailleurs, ou non une profession qualifiée de servile, et qu'il reçoive ou non un salaire. Mais celui qui est employé à l'année ou au mois chez autrui, et qui, même nourri, conserve une habitation distincte, ne cesse nullement d'être un chef de famille, au sens de l'art. 105 (1). C'est, par exemple, le cas des ouvriers, et on conçoit mal qu'on ait pu leur contester le droit à l'affouage. On se basait, il est vrai, sur ce fait qu'il s'agissait d'ouvriers travaillant à une usine et qui ne pouvaient être considérés comme installés à perpétuelle demeure dans la commune et y ayant un domicile fixe. Le tribunal, saisi (2), a justement

---

(1) C'est généralement la situation des vignerons, des jardiniers, etc., et parfois des concierges dans les habitations rurales.

(2) Vesoul, 26 décembre 1881. *Revue générale d'Administration*, 1882. 1. 336.

repoussé cette idée, en faisant remarquer qu'il suffisait à ces ouvriers d'avoir acquis un domicile
dans la commune, dans les conditions indiquées
par le Code Civil, pour pouvoir utilement réclamer
la qualité d'affouagiste, et que l'art. 105 exigeait un
domicile « fixe » et non « définitif ».

Même interprétée dans ce sens large et équitable, la loi n'en aboutit pas moins à un résultat
regrettable, en excluant, par ses termes, toute une
catégorie de personnes, dignes d'intérêt, du bénéfice de l'affouage. Dans tous les cas, en effet, —
et l'hypothèse se présente fréquemment — où un
homme marié travaille chez autrui, est logé et
nourri chez son maître, est, en un mot, domestique
dans le sens restreint que nous avons donné à ce
mot, il ne peut réclamer le lot d'affouage nécessaire au chauffage de sa femme et de ses enfants
vivant séparés de lui et dans une habitation distincte. Les Conseils municipaux sont, en effet, en
droit de lui refuser son inscription, en se basant
sur ce fait qu'il n'est pas chef de famille, et la femme
ne saurait non plus demander son inscription personnelle, car elle ne remplit pas davantage les
conditions légales.

C'est là une des situations dont le législateur
devra se préoccuper quand il modifiera les dispositions de la loi actuelle.

E. *Fermier, métayer*. — Le droit à l'affouage ne reposant pas, nous l'avons dit, sur un droit de propriété, ce n'est pas au propriétaire de la maison, mais à l'habitant que revient une part dans la coupe affouagère. Un arrêt de la Cour de Cassation du 23 juillet 1884 (1) a, en s'inspirant de cette idée, reconnu que si les affouagistes doivent nécessairement avoir une habitation, un feu dans la commune, leur droit n'est pas personnel et appartient en leur nom et de leur chef aux fermiers et métayers qui occupent la maison louée.

On discute seulement sur le point de savoir, dans le cas où, au cours de l'année, le bail vient à prendre fin et que le fermier est remplacé par un autre, qui, de l'ancien ou du nouveau, peut prétendre à l'affouage. Le doute venait, avant la loi de 1883, de ce que le législateur n'avait pas fixé, d'une manière précise, le moment où les conditions légales devaient être remplies pour que l'inscription au rôle pût être utilement réclamée.

Tout dépend, en effet, à notre avis, du moment où a eu lieu le changement du fermier et si ce changement a été antérieur à l'époque que nous déterminerons plus loin où la liste affouagère est devenue définitive. Tant que celle-ci n'est pas close, il est possible à tout nouveau venu de réclamer son

____

(1) Roussel, *Dictionnaire des forêts*, t. 2, p. 10.

inscription et le fermier arrivant peut le faire. Il prend alors le lieu et place de son prédécesseur au profit duquel l'inscription antérieure n'a pu constituer aucun droit, puisqu'elle n'était pas définitive. C'est donc à tort que l'on a hésité entre trois systèmes qui ne sont, à notre avis, pas plus admissibles l'un que l'autre.

Suivant certains auteurs, l'affouage devrait être attribué au fermier entrant? Oui, mais seulement s'il réclame en temps utile son inscription, dans le cas contraire, non. Pour d'autres, l'affouage doit être concédé au fermier sortant. Cette théorie est basée sur l'exigence erronée d'une certaine résidence pour pouvoir prétendre au droit d'affouage. Enfin, nous repoussons également le système rigoureux aux termes duquel aucun des deux fermiers ne saurait prétendre à l'affouage : le fermier entrant, parce qu'il n'a pas la résidence annale ; le fermier sortant, parce qu'il perd avec la qualité d'habitant celle d'affouagiste.

F. *Fromagers*. — Enfin, dans la région du Sud-Est où le droit à l'affouage présente un intérêt très grand, en raison de l'importance des forêts communales, la question s'est posée, depuis que des fromageries se sont créées dans de nombreuses communes, de savoir si les fromagers pouvaient prétendre à l'affouage (1).

La question nous paraît, d'une manière non douteuse, devoir être tranchée, au moins dans la plupart des cas, par l'affirmative. On ne saurait assimiler le fromager à un domestique qui aurait autant de maitres qu'il peut exister de propriétaires utilisant la fromagerie et, lors même qu'il serait nourri aux frais de la société et qu'il recevrait d'eux du bois, non seulement pour le chauffage de l'établissement, mais même pour son usage personnel, il n'en aurait pas moins une habitation distincte et pourrait être inscrit au rôle d'affouage sous la réserve, bien entendu, de remplir les conditions indiquées par la loi.

----

(1) Conseil de Préfecture de l'Ain, 17 février 1899.

TITRE III

—

OBJET DU DROIT D'AFFOUAGE

———

*Des coupes qui peuvent faire l'objet d'une distribution
en nature*

———

Nous nous sommes contenté jusqu'ici de dire
que les affouagistes avaient droit à une part dans
les produits (1) des bois communaux. Nous avons
vu que ceux-ci constituaient le véritable objet sur
lequel s'exerce le droit d'affouage. Mais il nous
reste à préciser quelle est la portion des produits
de la forêt communale répartie entre les ayants-
droit, à indiquer sur quelle partie de ces produits
s'exerce spécialement le droit des affouagistes.

La totalité du produit du bois ne leur est pas, en

(1) Nous entendons ici le mot produit dans un sens général,
sans tenir compte de la distinction entre les produits et les
fruits, ce dernier mot étant réservé pour désigner les produits
périodiques.

effet, distribuée et la loi a posé certaines règles à ce sujet.

Ces règles, à la vérité, ne s'appliquent que lorsque le bois communal est d'une importance suffisante pour être reconnu susceptible d'exploitation régulière et d'aménagement par l'autorité administrative, sur la proposition de l'administration forestière et après avis du Conseil municipal et du Conseil général.

Dans ce cas seulement, le bois est soumis au régime forestier et, bien qu'il reste la propriété de la commune, son exploitation est l'objet d'un contrôle de la part de l'administration forestière.

Le but de ce contrôle, de cette tutelle de l'Etat, sur le domaine forestier des communes, est de maintenir celui-ci dans son intégrité. Le pouvoir central a reconnu, en effet, très tôt, la nécessité de veiller à la conservation de cette partie importante du patrimoine national (1). Il est à peine nécesaire d'indiquer les raisons qui imposaient, surtout à l'époque où furent prises les premières mesures dans ce sens, cette nécessité et d'insister sur l'intérêt que les bois présentent au point de

____

(1) Edit de 1667 défendant les aliénations des bois communaux.
Lois des 28 août 1792 et 10 juin 1793, interdisant le partage de ces bois. — Lois des 2 prairial an 11 et 21 mai 1897. — Décret du 13 décembre 1804, loi du 20 mars 1813 et article 92 du Code Forestier.

vue de la richesse du pays, de l'indépendance de
la nation et de la santé publique. Or, pour
conserver les forêts communales, deux choses
étaient nécessaires: empêcher les défrichements (1),
faire surveiller et diriger même l'exploitation par
des hommes compétents, afin qu'elle ne soit pas de
nature à entraîner peu à peu la destruction de
la forêt.

L'article 90 du Code Forestier s'est proposé ce
but en soumettant au régime forestier les bois des
communes ou, du moins, ceux de ces bois qui sont
reconnus susceptibles d'aménagement.

En ce qui concerne les autres, c'est-à-dire, ceux
que leur faible importance empêche de soumettre
à une exploitation régulière, les habitants peuvent,
par voie de distribution en nature, profiter de leurs
produits. C'est au Conseil municipal qu'il appartient de statuer à ce sujet et il est libre de leur
donner telle affectation qui lui paraît la meilleure,
sous la seule réserve de l'approbation préfectorale.

Néanmoins, aux termes de l'article 153 de l'ordonnance réglementaire, aucun abattage d'arbres,
même épars, ne peut avoir lieu sans une déclaration préalable.

Les bois non soumis au régime forestier ne constituent d'ailleurs qu'une part infime du domaine

______

(1) Voir plus loin (Perte du droit).

communal et leur produit ne peut augmenter que
d'une manière insignifiante les lots distribués aux
affouagistes.

Ce qu'il est intéressant de déterminer, c'est la
portion des bois faisant l'objet de l'art. 90 du Code
Forestier, qui est répartie entre eux.

L'exploitation de ces derniers bois est réglée par
l'aménagement, qui détermine la possibilité d'une
forêt, de manière à assurer annuellement un produit
sensiblement égal. Nous n'avons pas à entrer ici
dans les détails de cette opération (1) qui est
dirigée par les agents forestiers, au sujet de laquelle le Conseil municipal est appelé à se prononcer, en vertu, comme le dit M. Migneret, du
droit de propriété qui appartient à la commune.
Cette opération est rendue définitive après avis du
Conseil Général (2) et de l'Administration préfectorale par un décret (3).

L'article 93 du Code Forestier et l'article 140 de
l'ordonnance réglementaire ont maintenu l'obligation ancienne, en ce qui concerne l'aménagement de bois communaux de plus de 10 hectares,

(1) Aux termes d'une décision ministérielle du 13 avril 1861,
chaque projet d'aménagement doit faire l'objet d'un rapport
spécial, au cas où il existe une divergence d'avis au sujet de ces
aménagements entre les Conseils municipaux, les agents
forestiers et le Préfet.

(2) Loi du 10 août 1871, art. 50.

(3) Les changements d'aménagement sont soumis à la même
procédure.

sauf pour les bois plantés totalement d'arbres résineux, de mettre en réserve un quart de la superficie, qui ne doit être coupée qu'en cas de dépérissement ou de nécessité bien constatée.

On peut distinguer, dès lors, les coupes faites dans les bois commnnaux soumis au régime forestier en coupes ordinaires ou faites dans les conditions prévues par l'aménagement et en coupes extraordinaires.

Les coupes ordinaires, ayant un caractère périodique et régulier sont faites sur la simple autorisation de l'administration. Le Conseil municipal se prononce ensuite sur la destination à donner à ces coupes et fait connaître s'il lui parait opportun qu'elles soient vendues au profit de la caisse communale ou distribuées en totalité ou en partie aux habitants. Le Préfet statue à ce sujet après avis du service forestier et en tenant compte à la fois de l'importance de la coupe, des besoins des habitants et de la situation financière de la commune

Les coupes extraordinaires comprennent : toutes celles qui seraient faites par anticipation (1) et, d'une manière générale, celles qui modifient l'ordre établi par l'aménagement, enfin celle des bois ou portions de bois mis en réserve et dont le terme

______

(1) Il ne faudrait pas entendre par là les coupes par simple interversion, c'est-à-dire celles qui sont opérées en modifiant simplement l'ordre régulier.

d'exploitation n'aurait pas été fixé pour l'ordonnance d'aménagement. Elles ne peuvent être autorisées que par décret rendu sur la proposition du
Ministre de l'agriculture et après avis du Préfet (1).

Le produit de ces coupes ne peut en principe
jamais être délivré aux habitants. Il résulte en
effet nettement des termes de la loi, qu'elles ont
un caractère exceptionnel et ne sont autorisées
que pour faire face à des nécessités absolues qui
n'existeraient pas, dans la plupart des cas, si l'état
de la caisse municipale permettait de faire face aux
exigences du moment. C'est donc cette caisse qui
doit profiter de la coupe, et le seul moyen de
remplir le but qu'on se propose en faisant la coupe
est d'y verser le produit de la vente des arbres.

C'est dans l'hypothèse seulement où la coupe
extraordinaire resterait invendue, que la commune
pourrait en demander la délivrance comme affouage.
Dans la pratique, le cas se présente rarement. On
admet cependant qu'en pareil circonstance, le Préfet
serait compétent pour statuer sur la demande de la
commune. Nous nous refusons à le croire quant à
nous (2). Il peut en être ainsi quand il s'agit d'une

(1) Le Ministre de l'Intérieur n'est appelé à se prononcer qu'au
cas où l'avis du Préfet et celui du Conservateur des forêts
seraient en contradiction.

(2) Rousset, T. 1. p. 468. Il est un cas cependant où l'autorisation préfectorale est suffisante pour permettre la distribution

coupe ordinaire et que le Préfet ayant approuvé une première délibération demandant la vente de la coupe, celle-ci reste invendue. Mais lorsqu'il s'agit d'une coupe extraordinaire, seul un décret pourrait en modifier l'affectation de même qu'un décret seul a pu donner l'autorisation de la faire.

En résumé, le droit des affouagistes s'exerce sur la partie des coupes ordinaires affectées à cette destination et sur les arbres provenant de bois non soumis au régime forestier.

A titre exceptionnel, il peut s'exercer aussi sur les chablis (1), c'est-à-dire sur les arbres déracinés, abattus par la foudre ou par le vent, ainsi que sur les arbres endommagés, ébranlés, morts ou dépérissants, sur les bois provenant de délits, de recépages, d'élagages ou d'essartements. Cette catégorie de bois est susceptible d'être distribuée en nature aux habitants (2), après avis conforme du Conservateur des forêts et autorisation du Préfet. Toutefois, celui-ci peut, contrairement à la délibération du

en nature de la coupe invendue : C'est lorsqu'elle est donnée sous la réserve pour les affouagistes de payer une somme équivalente à l'estimation de la coupe.

(1) Nous verrons plus loin, la difficulté qui peut s'élever sur le point de savoir à quel moment il faut justifier des conditions exigées par la loi de 1883 pour pouvoir prétendre à la distribution des chablis.

(2) Décisions ministérielles, 11 octobre 1833 et 3 décembre 1845. Migneret émet un avis contraire.

Conseil municipal, prescrire la vente de ces arbres au profit de la caisse communale, surtout lorsque leur distribution doit-être faite en dehors de la possibilité annuelle et constituer un supplément d'affouage (1).

Cette détermination de l'objet du droit d'affouage n'a lieu que sous le contrôle de l'Etat. Celui-ci, nous l'avons dit, exerce une véritable tutelle à ce sujet sur les bois communaux ainsi que sur leur exploitation.

Ce n'est pas lieu de discuter sur l'utilité de cette tutelle et nous reviendrons, sur ce point, dans notre conclusion. Notons simplement qu'elle a été fort critiquée et qu'on a fait remarquer que nul ne saurait mieux défendre ses intérêts que le propriétaire lui-même. Pourquoi dès lors organiser, dans l'intérêt de la conservation du domaine communal forestier, une tutelle singulièrement onéreuse et toujours gênante ? Et, à l'appui de cette thèse, on a signalé le développement considérable pris, depuis un siècle, par les bois des particuliers, non soumis pourtant, quant à l'exploitation, au contrôle de l'Etat.

Ce contrôle, cette tutelle, en effet, entraînent nécessairement certains frais qui sont supportés par l'Etat et que celui-ci doit recouvrer.

(1) Conseil d'Etat, 12 avril 1878. Rousset, tome 1, page 265.

On admettait autrefois qu'il appartenait à l'Etat, sinon d'en réclamer directement le remboursement aux affouagistes, du moins de veiller à leur recouvrement. Une circulaire du Ministre de l'Intérieur du 31 décembre 1836 (1), décidait que l'enlèvement des lots ne pouvait avoir lieu qu'en présence du garde forestier et sur production de la quittance de la taxe.

C'était là un point de vue inexact. L'Etat n'a pas à s'immiscer dans les rapports entre la commune et les habitants. Les frais sont faits dans l'intérêt de la commune propriétaire et c'est celle-ci qui en doit le remboursement, au même titre que le paiement de l'impôt foncier et des diverses charges qui pèsent sur la forêt. Il en a toujours été ainsi. La commune est libre d'ailleurs de les recouvrer à son tour sur les affouagistes au moyen d'une taxe dans des conditions que nous examinerons plus loin.

Ce qu'il nous faut rechercher ici, c'est la base adoptée par l'Etat pour obtenir des communes le remboursement des frais supportés par lui pour la conservation et la régie des forêts communales.

La fixation de cette base a fait l'objet des lois des 15-29 septembre 1791 ; 15 août 1792 et 29 floréal an III. Celles-ci décidaient qu'après la distribution

____

(1) Cette circulaire a d'ailleurs été rapportée par celle du 27 février 1839.

des coupes aux habitants, le chiffre des frais dus par la commune serait fixé suivant le nombre d'arpents exploités.

L'article 106 du Code forestier adopta un système tout différent : « Pour indemniser le gouvernement des frais d'administration des bois des communes ou établissements publics, il sera ajouté annuellement à la contribution foncière établie sur ces bois une somme équivalente à ces frais. Le montant de cette somme sera réglé chaque année par la loi de finances.; elle sera répartie au marc le franc de la dite contribution et perçue de la même manière ».

Ce système, qui établissait une concordance entre les cotisations à verser par les communes et l'impôt foncier, avait l'inconvénient d'être singulièrement onéreux dans les régions où ce dernier était élevé, en raison de la richesse du sol forestier.

Les récriminations furent telles dans ces régions, que, dès 1837 (1), on décida que « la somme des frais d'administration prévue au budget doit être répartie, par ordonnance royale, entre les divers départements du royaume, à raison des dépenses effectuées pour l'administration des dits biens, dans chaque département ».

En fait, ce nouveau système aboutissait à déterminer le montant des cotisations à exiger des commu-

______

(1) Loi de finances du 20 juillet 1837, art. 2.

nes, d'après l'étendue de leur territoire forestier et sans se préoccuper du revenu de celui-ci. Il présentait des inconvénients peut-être plus graves encore que le premier, puisqu'il surchargeait les régions où les domaines forestiers pouvaient être relativement improductifs, malgré leur grande étendue. On dut donc rechercher une nouvelle base de répartition.

Cette base a été fixée par la loi du 25 juin 1841, article 5, qui a décidé que pour les produits des bois délivrés en nature « il sera perçu par le Trésor le vingtième de leur valeur, laquelle sera fixée définitivement par le Préfet, sur la proposition des agents forestiers et les observations des conseillers municipaux et des administrateurs ».

Le principe posé par cette loi a été maintenu, sauf de légères modifications, par celle du 19 juillet 1845, par l'ordonnance du 5 février 1846 et par la loi du 14 juillet 1856. Il consiste à fixer la contribution à exiger des communes, non plus d'après l'impôt foncier, ni en raison de l'étendue du domaine forestier, mais d'après la valeur des produits de ce domaine.

Il semble bien d'ailleurs que telle est la base la plus équitable et si une réforme devait être apportée sur ce point, elle devrait avoir seulement pour but de diminuer la charge imposée aux communes pour l'administration de leurs bois.

TITRE IV

EXERCICE DU DROIT D'AFFOUAGE

CHAPITRE Ier

Généralités

Lorsque la partie du produit des bois communaux à partager entre les affouagistes a été déterminée, dans les conditions indiquées au titre précédent, il reste à fixer la part, le lot, qui revient à chacun des ayants-droit et à mettre ceux-ci en possession de ces lots.

Ici, l'administration forestière cesse de jouer; tout au moins, le rôle principal, sauf en ce qui concerne l'exploitation ou le façonnage de la coupe. C'est en effet à l'assemblée municipale, sous le seul contrôle de l'autorité supérieure, qu'il appartient

de régler et de déterminer quels sont les affouagistes et de répartir entre eux le produit des bois
communaux distribués en nature.

Avant d'examiner dans quelles conditions s'exerce
le droit des affouagistes et de rechercher les différentes opérations ou formalités qui précèdent la
délivrance d'un lot à chacun d'eux, il nous faut
établir une distinction à laquelle nous n'avons pas
fait allusion jusqu'ici.

L'objet du droit d'affouage consiste, avons nous
dit, dans une part du produit des bois communaux. Mais ceux-ci peuvent produire, soit du bois
de construction, soit du bois de chauffage.

Les règles relatives à l'exercice du droit d'affouage
différaient autrefois beaucoup, suivant qu'il s'agissait de l'un ou l'autre de ces produits. La loi de
1883, après avoir posé les règles relatives au bois de
chauffage, se contente d'établir qu' « en ce qui concerne les bois de construction, chaque année, le
Conseil municipal, dans sa session de mai, décidera
s'ils doivent être, en tout ou partie, vendus au profit
de la caisse communale ou s'ils doivent être délivrés
en nature.

« Dans le premier cas, la vente aura lieu aux
enchères publiques par les soins de l'Administration forestière ; dans le second, le partage aura
lieu, suivant les formes et le mode indiqués pour le
partage des bois de chauffage ».

Il existe donc actuellement une unification à peu près complète dans les conditions d'exercice du droit, qu'il s'agisse du bois de chauffage ou du bois de construction.

Il n'en était pas de même autrefois. L'art. 105 du Code Forestier avait décidé que « la valeur des arbres délivrés pour constructions ou réparations serait estimé à dire d'experts et payé à la commune ». Mais il avait laissé subsister, en même temps, les usages contraires sur ce point, et ceux-ci étaient fort nombreux. Dans certaines provinces, comme la Lorraine, le partage se faisait par feux, aussi bien pour le bois de chauffage que pour le bois de construction. Dans d'autres, au contraire, il existait pour ce dernier des usages particuliers. En Franche-Comté, par exemple, le partage avait lieu d'après le toisé des bâtiments, c'est-à-dire que la part de bois de construction distribué pour chaque maison était proportionnelle à la superficie couverte par les bâtiments, et en tenant compte du nombre des étages. Ce mode de partage était à ce point particulier, qu'on était arrivé à se demander si la nature du droit d'affouage n'était pas, dans ce cas, différente et si, en ce qui concerne le bois de construction, ce droit n'était pas réel, non seulement quant à son objet, mais même en ce qu'il constituait un lien entre le fonds même sur lequel la maison était construite et la forêt communale, considérée comme fonds servant.

Ce système avait le grave inconvénient de favoriser, dans une large mesure, les principaux propriétaires de chaque commune et de réduire en général à une portion insignifiante le bois de construction revenant aux habitants des maisons les moins importantes.

C'est donc, semble-t-il, avec juste raison, qu'on a supprimé ces usages et adopté la même base de répartition pour le bois de construction et le bois de chauffage.

Cette distinction présente par conséquent de l'intérêt surtout au point de vue historique et il nous reste à rechercher, qu'il s'agisse de l'une ou l'autre catégorie de bois, les différentes formalités qui doivent précéder la délivrance des lots aux affouagistes. Ces formalités sont : l'établissement, la publication et l'approbation de la liste affouagère ; la fixation et le recouvrement de la taxe d'affouage ; le façonnage de la coupe, le tirage des lots et leur enlèvement.

Après avoir déterminé les conditions dans lesquelles ont lieu ces différentes opérations, il ne nous restera plus qu'à nous demander quels sont exactement les droits de l'affouagiste sur son lot et à quel moment il acquiert ces droits.

CHAPITRE II

———

DU ROLE D'AFFOUAGE

———

C'est au Conseil municipal qu'il appartient, en
vertu de l'article 61, paragraphe 1 de la loi du
6 avril 1884, combiné avec l'article 68 de cette loi,
de dresser la liste des participants à l'affouage et
d'arrêter le rôle de taxe. Ni la loi, ni les circu-
laires ministérielles n'ont fixé de forme réglementaire pour l'établissement de ce rôle. Il appartient
au Préfet d'en déterminer une, s'il y a lieu, dans
chaque département.

Avant d'arrêter la liste préparée par les soins du
Maire, le Conseil municipal examine les additions
ou retranchements qu'il y a lieu d'opérer sur la
liste de l'année précédente, et après s'être assuré
qu'une légale et équitable répartition de l'affouage
a été faite entre tous les ayants-droit, il approuve
le rôle et l'arrête, sous réserve des réclamations des
intéressés, qui pourraient, par la suite, être recon-

nues fondées, le nombre de feux et le montant des taxes à percevoir.

La délibération du Conseil municipal intervenue, le Maire avertit les habitants, par une publication faite dans la forme ordinaire, qu'ils peuvent prendre connaissance de cette délibération, et que leurs réclamations, s'ils en ont à présenter, seront reçues à la mairie pendant huit jours, à dater de cette publication.

A l'expiration du délai de huitaine, le registre d'enquête est clos et, s'il ne s'élève pas de réclamation, la délibération est adressée, soit à la Préfecture, soit à la Sous-Préfecture. Si au contraire des réclamations se sont produites, le procès-verbal d'enquête est communiqué au Conseil municipal qui prononce sur chaque réclamation, sauf recours devant la juridiction compétente.

L'affouage n'a pas été compris par le législateur dans la nomenclature des objets à l'égard desquels les délibérations du Conseil municipal ne deviennent exécutoires que par l'approbation préfectorale et il semble que la répartition de l'affouage rentre dans la plénitude des pouvoirs réglementaires des Conseils municipaux. Il résulte seulement de la combinaison de l'article 68, paragraphe 7 avec les articles 133 et 140 de la loi du 5 avril 1884 que les délibérations portant fixation des taxes affouagères doivent toujours être homologuées.

Si, en fait, on considère l'approbation préfectorale comme nécessaire, c'est que, dans la pratique, le rôle d'affouage comprend tout à la fois la liste des affouagistes et la fixation de la taxe à percevoir de chacun d'eux. Comme c'est au Préfet qu'il appartient d'autoriser le recouvremement de cette taxe et d'en faire parvenir l'état au percepteur, on considère dès lors, mais à tort, selon nous, que l'approbation préfectorale, nécessaire pour l'établissement et le recouvrement de la taxe, l'est aussi pour le rôle lui-même. Le seul inconvénient de ce système est d'ailleurs, dans bien des cas, de faire donner par l'autorité supérieure une sorte de sanction à la liste arrêtée par le Conseil municipal, bien que celui-ci ait prononcé des exclusions que les tribunaux compétents peuvent déclarer, par la suite, injustes.

La question la plus intéressante qui se pose relativement au rôle d'affouage, est celle de savoir à quel moment précis il est nécessaire de justifier des conditions requises par la loi pour pouvoir réclamer son inscription à ce rôle.

L'article 105 du Code Forestier n'avait nullement prévu la question. La plupart des auteurs reconnaissaient que pour apprécier, si un prétendant droit remplissait les conditions légales, il fallait se reporter au début de l'année affouagère, mais ils n'étaient nullement d'accord sur le point de savoir à quel moment commençait celle-ci.

Pour les uns, les prétendants droit devaient justifier des conditions requises au moment où la liste provisoire établie par le Conseil municipal était publiée. Le Conseil municipal, examinant, pour l'établir, les droits des habitants, la publication, selon les partisans de ce système, avait pour but de permettre à ceux qui se prétendaient lésés par l'établissement de cette liste, de faire valoir leurs réclamations et celles-ci ne pouvaient se baser que sur un droit acquis au moment où la liste avait été établie.

On pouvait objecter que cette liste devant être publiée et étant susceptible d'être modifiée ne pouvait être considérée comme définitive. Partant de cette idée, dont la justesse ne semble guère discutable, on soutenait que le moment qu'on devait envisager pour savoir si le prétendant droit remplissait les conditions légales d'aptitude à l'affouage était celui où la liste était parvenue à la Préfecture ou à la Sous-Préfecture et, suivant d'autres même, celui de la clôture définitive de la liste par l'approbation préfectorale, si on considère celle-ci comme nécessaire.

La loi de 1883 a consacré la première théorie et décidé que les conditions d'aptitude exigées par la loi doivent être remplies « avant la publication du

rôle ». La liste provisoire étant seule soumise par
la loi à une formalité de publication, il n'est pas
douteux que c'est avant la publication de celle-ci
qu'il faut être dans les conditions prévues par la
loi pour pouvoir prétendre à l'affouage. Mais il
n'est pas nécessaire de justifier qu'on les remplissait
depuis un certain temps, non plus qu'il ne serait
suffisant de prouver que, bien que n'en justifiant
plus, on les remplissait auparavant. C'est donc à
juste titre qu'on a fait remarquer que la loi se fût
exprimée plus clairement en disant « au moment
de la publication du rôle ».

Si cette expression n'a pas été employée par le
législateur, c'est vraisemblablement parce qu'il a
voulu indiquer, d'une manière plus nette, le moment où il faut se placer pour déterminer ceux
qui ont droit à l'affouage. Il n'en est pas moins
vrai qu'on peut faire deux reproches au système
adopté.

Rationnellement, le droit d'affouage étant immobilier et ayant pour objet la forêt elle-même, la
loi aurait dû décider que ceux-là seuls pourraient
revendiquer ce droit qui étaient habitants dans la
commune antérieurement à l'abattage, c'est-à-dire,
avant le moment où les bois, par suite de cet abattage, deviennent des meubles. Dans certains cas,
lorsqu'il s'agit de chablis, par exemple, le moment
peut être déterminé d'une manière exacte, et on

aurait ainsi évité un véritable abus qui se produit souvent. A la suite d'un orage qui a abattu une quantité considérable de bois (1), certaines personnes viennent s'installer dans la commune et participent au partage par le seul fait qu'elles remplissent les conditions de l'art. 105 au moment de la publication du rôle, qui a lieu souvent plusieurs mois plus tard. Mais il faut reconnaître qu'en général, il n'est pas possible de préciser le moment de l'abattage, et la loi doit évidemment fixer une date absolument déterminée : c'est ce qui explique le système adopté par le législateur.

En tout cas, la date fixée par lui devrait être antérieure à la confection du rôle elle-même, ce qui n'existe pas, aux termes de la loi de 1883, et c'est la seconde objection que nous formulons à ce sujet. Le Maire, en faisant le travail préparatoire destiné à être soumis au Conseil municipal, devrait, d'ores et déjà, être à même de savoir exactement qui peut participer à l'affouage, et le rôle préparé ne devrait pas être soumis à une modification par le seul fait que, postérieurement à sa confection, une personne s'installe dans la commune.

Nous aurons, d'ailleurs, l'occasion de revenir sur ce point dans notre conclusion, et d'indiquer la solution qui nous semble devoir être adoptée.

---

(1) Les lots peuvent alors atteindre une valeur de 1200 francs.

CHAPITRE III

EXPLOITATION DE LA COUPE

FAÇONNAGE — DÉNOMBREMENT ET LOTISSEMENT —
TIRAGE ET LIVRAISON DES LOTS

En raison du contrôle que l'Etat exerce en vue
de la conservation des forêts communales, aucune
coupe ne peut avoir lieu, nous l'avons vu, avant
que l'administration forestière en ait fait la délivrance. Celle-ci faite, l'administration forestière
n'a pas terminé son rôle, et il lui appartient aussi
de surveiller l'exploitation de la coupe délivrée.

Aux termes de l'article 103 du Code Forestier,
les coupes de bois communaux, destinées à être
partagées en nature pour l'affouage des habitants,
ne pouvaient avoir lieu « qu'en suivant les formes
prescrites par l'article 81 pour l'exploitation des
coupes affouagères délivrées aux communes dans
les bois de l'État ». C'est-à-dire que, conformément
à ce dernier article, l'exploitation devait être faite

par un entrepreneur spécial désigné par le Conseil
municipal et agréé par l'Administration forestière.
De plus, aucun bois ne devait être partagé sur pied
et le lotissement ne pouvait précéder l'entière
exploitation de la coupe.

Mais, malgré les peines édictées contre les fonctionnaires ou agents qui auraient permis ou toléré
une contravention à ces dispositions, celles-ci res-
taient à peu près à l'état de lettre morte. La dé-
signation d'un entrepreneur soulevait, dans la
plupart des cas, des difficultés pratiques d'autant
plus grandes que la loi avait établi à la charge de
ces entrepreneurs de lourdes responsabilités.

Les projets de réformes du Code Forestier, notamment celui de M. Philippon, proposaient de consacrer législativement ce qu'on était forcé de tolérer
en pratique et d'autoriser les habitants, moyennant
certaines conditions et sous la réserve d'un certain
contrôle, à exploiter eux-mêmes la coupe.

Une loi toute récente du 23 juin 1898 a modifié
en effet, sur ce point, l'art. 103 du Code Forestier.
Elle décide que « l'exploitation sera effectuée par
un entrepreneur spécial nommé par le Conseil
municipal et agréé par l'Administration forestière
et en suivant les formes prescrites par l'art. 81, le
tout sous les peines prescrites par ledit article.
Toutefois le Préfet pourra sur la demande du Conseil municipal et l'avis conforme du Conservateur

des Forêts autoriser le partage sur pied des dites coupes. S'il y a désaccord entre le Conservateur des Forêts et le Préfet il en sera référé au Ministre de l'agriculture qui statuera définitivement. Lorsque le partage sur pied aura été autorisé, l'exploitation aura lieu sous la garantie de trois habitants solvables, choisis par le Conseil municipal, agréés par l'Administration forestière et soumis solidairement à la responsabilité déterminée par l'article 82 du Code Forestier ».

D'après cette loi, il existe deux modes d'exploitation, l'un par l'entrepreneur et c'est le mode régulier et normal ; l'autre exceptionnel et qui ne peut être employé que moyennant une autorisation de l'autorité supérieure, consiste à faire exploiter par les habitants eux-mêmes.

Peut-être le législateur aurait-il pu aller plus loin encore dans la voie libérale et décider que le Conseil municipal pourrait choisir, à son gré, entre ces deux modes d'exploitation. L'un et l'autre présentent en effet les mêmes garanties, puisque la responsabilité de l'entrepreneur qui existe dans le premier cas est remplacée dans le second par la responsabilité de trois habitants solvables. La commune est d'ailleurs toujours solidaire des responsabilités encourues soit par l'entrepreneur soit par les trois habitants solvables.

Au contraire de ce qui existe, en ce qui concerne

l'exploitation, le façonnage peut, si le Conseil municipal le juge à propos, être opéré par chacun des habitants pour son propre lot. Dans ce cas, il est procédé au lotissement des arbres, immédiatement après l'abatage, tandis que cette opération n'a lieu que postérieurement au façonnage quand celui-ci est opéré par l'entrepreneur.

Le façonnage n'est soumis à aucune règle légale; les communes sont libres de suivre ou de ne pas suivre les usages existant à ce sujet (1). Néanmoins cette opération doit être terminée dans un délai suffisamment court pour permettre d'opérer la vidange de la coupe à une date fixée.

Il reste ensuite à opérer le dénombrement dans l'hypothèse où l'exploitation a été faite par un entrepreneur, en vue de fixer la somme due à celui-ci. Ce dénombrement, ainsi que le lotissement, c'est-à-dire la confection des lots, doit être opéré en présence du maire et de deux conseillers municipaux. Enfin a lieu le tirage au sort des lots qui est opéré par le maire, sans qu'aucune condition de forme spéciale soit prescrite à ce sujet et la livraison des lots aux ayants-droit peut ensuite avoir lieu sous la seule réserve de l'acquittement de la taxe affouagère que nous allons étudier.

----

(1) Voir de la Grye. *Régime forestier*, p. 65, et Dalloz, *Forêts*, p. 298, n° 61.

CHAPITRE IV

DE LA TAXE D'AFFOUAGE

Le droit d'affouage constitue un avantage pour les habitants, mais il entraîne à la charge de la commune certaines dépenses, certains frais, tels que le salaire dû aux entrepreneurs, les frais d'abattage, de façonnage et de lotissement des bois. De plus, nous l'avons vu, elle est obligé de rembourser à l'Etat les dépenses faites par celui-ci pour la garde et l'administration de la forêt. Enfin, elle doit l'impôt foncier pour son domaine forestier. Il est juste, conformément aux principes posés par l'article 870 du Code Civil, que ceux qui profitent d'un avantage supportent les charges qui peuvent en être le corollaire. Bien plus, on peut dire, — et sous ce rapport, le droit d'affouage se rapproche du droit d'usufruit, — que les habitants, profitant des fruits des bois communaux, doivent aussi supporter les charges périodiques qui pèsent sur ces bois, telles que le paiement de l'impôt foncier et les dépenses qu'entraînent les semis, repeuplements et autres travaux mis en charge sur les coupes.

L'article 109 du Code Forestier indique un premier moyen de faire face à ces frais : « Si les coupes sont délivrées en nature pour l'affouage et que les communes n'aient pas d'autres ressources, il sera distrait une portion suffisante de coupe pour être vendue aux enchères avant toute distribution et le prix en être employé au paiement des charges ».

La loi du 17 août 1828 a consacré, d'autre part, législativement, un procédé qui permet de faire supporter directement les charges à ceux qui profitent de l'avantage par la perception des taxes d'affouage.

Avant même qu'aucune disposition de loi n'ait fait allusion à cette taxe, la plupart des Conseils municipaux l'avait établie, en exigeant de chaque affouagiste une redevance qui, versée dans la caisse municipale, servait à faire face aux dépenses causées à la commune par l'exercice même du droit des affouagistes.

L'instruction du Ministre de l'Intérieur, en date du 15 décembre 1826, avait d'ailleurs décidé « qu'indépendamment des frais occasionnés par les coupes elles-mêmes, les administrations locales pouvaient imposer aux habitants le paiement d'une somme à verser à la caisse municipale pour subvenir aux dépenses de la commune ».

Une décision du Ministre des Finances du 18 dé-

cembre 1827, avait également établi qu'il était
permis de déroger à l'article 109 du Code Forestier
et que les communes, au lieu d'acquitter les dépenses concernant leurs bois en vendant « une
partie suffisante de coupes » pouvaient distribuer
la totalité de ces coupes aux habitants en exigeant
d'eux une redevance suffisante pour faire face aux
charges.

La loi de finances du 17 août 1828 n'a donc rien
innové, en fixant les conditions dans lesquelles se
ferait la perception des taxes d'affouage, mais elle
a permis d'assurer cette perception qui peut être
décidée par une délibération rendue exécutoire par
l'approbation préfectorale.

La loi de 1837, dans ses articles 31 et 44, a également fait allusion à la taxe d'affouage. Celle-ci
constitue actuellement une recette de budget communal ordinaire prévue par l'article 132-2°, de la
loi de 1884, qui range parmi les recettes de ce
budget les cotisations imposées annuellement aux
ayants.droit pour les fruits des biens communaux
qu'ils perçoivent en nature.

C'est au Conseil municipal qu'il appartient, en
établissant le rôle d'affouage, de fixer le montant
de la taxe. La décision du Conseil municipal est,
dans la pratique, portée à la connaissance des
intéressés par la publication du rôle.

Sur quelles bases doit être fixé le montant de cette

taxe ? Le chiffre total des redevances exigées des habitants doit-il être égal aux frais supportés par la commune, pour l'administration de ses bois ? Les termes de l'instruction ministérielle du 15 décembre 1826, que nous avons citée, semblent bien indiquer qu'il n'en est rien et que la taxe d'affouage peut servir pour subvenir aux dépenses de la commune en général. Une décision du Conseil d'Etat du 31 janvier 1867, a d'ailleurs décidé que les délibérations du Conseil municipal, établissant les taxes d'affouage, ne pouvaient être attaquées par la voie contentieuse, alors même que la taxe votée dépasse les frais de garde et d'administration. Un arrêt récent du Conseil d'Etat du 10 mars 1894 (1), a également statué qu'un affouagiste n'est pas recevable à demander par la voie contentieuse la réduction de sa taxe, en se fondant sur ce que le montant de celle-ci serait supérieure aux charges forestières.

Il importe pourtant que les Conseils municipaux, mûs par le désir d'augmenter les ressources communales ou, entraînés par la nécessité de faire face à certaines dépenses communales urgentes, ne fixent pas le montant de la taxe affouagère d'une façon telle, que l'avantage résultant pour l'habitant du droit d'affouage, devienne illusoire.

(1) Voir Dalloz, 1895. 3.41.

La garantie qui existe contre ce danger, consiste dans le contrôle de l'autorité supérieure sur les décisions du Conseil municipal votant les taxes affouagères. La loi de 1837, art. 17, en reconnaissant aux Conseils municipaux le droit de régler les conditions à imposer aux habitants, en raison de la jouissance des fruits communaux, n'avait pas indiqué si la délibération prise dans ce but était exécutoire par elle-même. La question de savoir si l'approbation préfectorale était nécessaire pour rendre exécutoire les délibérations fixant les taxes affouagères n'était pas tranchée. L'article 68, 7e de la loi de 1884 l'a fait définitivement en décidant que « les tarifs des droits divers à percevoir au profit des communes, en vertu de l'article 133 de cette loi », devaient être soumis à l'approbation du Préfet.

Si donc, l'habitant qui trouve exagéré le montant de la taxe affouagère, ne peut recourir à la voie contentieuse pour en obtenir la réduction, il peut du moins s'adresser au Préfet et celui-ci devra, avant d'approuver la délibération du Conseil municipal, examiner la valeur des griefs exposés. En cas de difficulté, il devra même, aux termes d'une circulaire ministérielle du 10 janvier 1839, demander l'avis de l'autorité supérieure.

Lorsque la taxe fixée par le Conseil municipal a été régulièrement approuvée par le Préfet, son recouvrement a lieu dans les formes prévues pour celui des contributions publiques. L'article 140 de la loi de 1884, qui n'est que la reproduction de l'article 44 de la loi du 18 juillet 1837, le décide formellement; la taxe d'affouage doit donc être recouvrée en vertu du rôle nominatif rendu exécutoire par le Préfet.

Mais, s'il résulte notamment des termes d'un arrêt du Conseil d'Etat du 21 septembre 1859, que la taxe d'affouage ne pourrait être régulièrement perçue dans les conditions prévues par l'art. 154 de la loi du 24 juillet 1884, c'est-à-dire en vertu d'un état dressé par le Maire et visé par le Sous-Préfet, si par conséquent, la taxe affouage peut être assimilée, au point de vue de son recouvrement, aux autres contributions publiques, elle diffère de celles-ci sur plusieurs autres points.

En premier lieu, il est toujours possible de s'affranchir entièrement du paiement de la taxe. Elle n'est due en effet, par l'habitant, qu'autant qu'il veut enlever sa portion affouagère. En renonçant au bénéfice de celle-ci, il s'affranchit de l'obligation qui n'en est qu'une conséquence.

En second lieu, tandis que le contribuable peut toujours, lorsqu'il se prétend frappé indûment, formuler une demande en décharge ou en réduction qui doit être portée devant le [Conseil de Préfecture, en vertu de la loi du 28 pluviôse an VIII, les taxes d'affouage ne peuvent faire l'objet d'aucune demande en réduction.

Cette règle est motivée par deux raisons : d'une part la taxe d'affouage est égale pour chacun des ayants droit, et nul, dans ces conditions, ne peut prétendre qu'il est frappé dans une proportion trop forte. D'autre part, il est facile, ainsi que nous venons de le dire, de s'affranchir de cette charge en renonçant au lot auquel on peut prétendre.

Quelle est, en effet, la conséquence que peut entraîner le non-paiement ? Il est bien évident, ainsi que l'a indiqué un arrêt de la Cour de Cassation du 25 juin 1841, que le refus d'acquitter la taxe d'affouage n'est passible d'aucune peine, mais entraîne-t-il, du moins, la déchéance pour l'habitant du droit de propriété, qu'en vertu du partage, il pouvait prétendre sur le lot qui lui avait été attribué. Les partisans de ce système font remarquer, avec justesse d'ailleurs, que le fait de refuser d'acquitter la taxe ne peut provenir, de la part de l'habitant, que d'une mauvaise volonté, ou d'une négligence. Il est équitable, disent-ils, dans ces conditions, de priver l'ayant droit d'un avantage auquel il renonce, pour ainsi dire, tacitement. On peut, en effet, penser que le législateur agirait sagement en consacrant cette règle. Mais il est certain qu'aucun texte n'a assimilé le refus de l'habitant de payer la taxe à une renonciation tacite. Or, c'est un principe

absolu que les cas de déchéance sont de droit
étroit et doivent être formellement établis par
une disposition légale. Dans ces conditions, le fait
de ne pas payer la taxe ne fait nullement perdre à
l'habitant le droit acquis par lui sur son lot d'affouage, et le prive simplement de la faculté d'enlever
ce lot. Celui-ci, aux termes d'une circulaire ministérielle du 10 janvier 1839, est vendu jusqu'à con-
currence du montant de la taxe et des frais à payer,
et le surplus seulement est remis à l'affouagiste qui
a refusé d'acquitter la redevance réclamée de lui,

La même circulaire décide que c'est aux entrepreneurs des coupes affouagères de veiller, sous
leur responsabilité, à ce que les affouagistes n'en-
lèvent pas leur bois avant le paiement de la taxe.

Ce n'est qu'au cas où l'affouagiste aurait enlevé
son lot frauduleusement et à l'insu de l'entrepreneur de la coupe, que le receveur municipal pourrait, en vertu de l'art. 140 de la loi du 5 avril 1844,
le poursuivre en paiement de la taxe qu'il aurait
refusé d'acquitter.

CHAPITRE V

DES DROITS DE L'AFFOUAGISTE SUR SON LOT

On confond souvent le droit que peut avoir
l'habitant sur la forêt communale, droit en vertu
duquel il peut être appelé à participer aux produits
de celle-ci, et le droit que peut avoir cet habitant
sur le lot en possession duquel il a été mis.

Nous avons vu que le premier de ces droits est
un droit d'une nature particulière; le second, au
contraire, est assurément un droit de propriété.

On l'a contesté, cependant, en faisant remarquer
que, dans l'ancien droit (1), l'habitant ne pouvait,
sous peine de confiscation, disposer de son lot
autrement que pour sa propre consommation.

L'origine de cette règle, qui était à peu près générale et existait notamment en Lorraine, est, à notre
avis, dans ce fait que l'affouage avait son origine

____

(1) Ordonnance de 1376 ; Ordonnance de 1388, art. 31 ; Ordon
nance de 1402, art. 30 ; Ordonnance de 1529.

première dans un droit d'usage librement concédé, et que le concédant avait pu faire telle restriction qu'il lui convenait à sa concession.

Mais actuellement l'état de choses n'est plus le même et cette restriction n'a plus sa raison d'être. C'est d'ailleurs ce qu'a depuis longtemps décidé la jurisprudence.

Le seul argument qu'on ait pu faire valoir pour interdire aux affouagistes de vendre leur lot d'affouage est celui qui était indiqué dans un arrêté du Préfet des Vosges. Celui-ci estimait qu'il était de l'intérêt des communes propriétaires de bois de mettre obstacle à cette vente, car, celle-ci opérée, les habitants pouvaient se laisser aller à des déprédations dans les forêts pour se procurer le bois nécessaire à leur chauffage. Mais cet argument, il faut le reconnaître, est insuffisant et surtout n'est basé sur aucune raison juridique.

En réalité, le droit de l'affouagiste sur son lot constitue un droit de propriété, et, à ce titre, il est transmissible, soit par contrat à titre onéreux, soit par contrat à titre gratuit (1).

On a voulu soutenir que ces transmissions de-

____

(1) Il est fâcheux, à notre avis, que la loi du 18 juillet 1898 sur les warrants agricoles n'ait pas compris, dans l'énumération de son art. 1, les bois et notamment ceux provenant de la répartition en nature des produits des bois communaux ; il y aurait eu là un moyen de favoriser dans une large mesure l'extension du crédit dans toute une région de la France.

vaient être l'objet d'une transcription, l'objet du droit étant immobilier. Mais cette assertion, est, à notre avis, basée sur la confusion que nous indiquions tout à l'heure. Ce que l'affouagiste transmet en effet, c'est non pas le droit immobilier qu'il a sur les bois de la commune, mais le droit qu'il a sur son lot.

Cela est vrai, lors même qu'il n'a pas encore reçu livraison de ce lot, car déjà il peut transmettre son droit à venir.

Mais à partir de quel moment peut avoir lieu cette transmission ?

Aucun texte ne permet de répondre à cette question et il semble que la doctrine l'ait à peu près complètement négligée. Dans la pratique cependant, ce point présente une importance réelle. Il s'agit, en effet, de savoir, lorsqu'un affouagiste vient à décéder, si ses héritiers peuvent réclamer, en son lieu et place, le lot auquel il aurait eu droit. De même, lorsqu'a lieu la vente d'un lot d'affouage, il est nécssaire de savoir si, au moment où elle a lieu, le vendeur avait déjà acquis la propriété de son lot et pouvait la transmettre.

Les auteurs semblent avoir considéré que le moment auquel l'affouagiste acquiert la propriété de son lot est précisément celui auquel il faut se reporter pour savoir si le prétendant droit remplissait les conditions d'aptitude à l'affouage.

A l'appui de cette théorie, on peut en effet observer que c'est au moment de la publication du rôle ou plutôt, suivant les termes de la loi de 1883, immédiatement avant la publication de ce rôle qu'on doit se placer pour décider si le droit à l'affouage de telle ou telle personne doit ou non être reconnu. Or, peut-on dire, dès qu'un droit est légalement reconnu, il doit par le fait même, être considéré comme un droit acquis, c'est-à-dire, comme un droit transmissible.

Ce raisonnement serait parfaitement juste si l'inscription au rôle d'affouage entraînait non seulement la reconnaissance du droit acquis que peut avoir un habitant sur le produit des bois communaux, mais aussi la reconnaissance du droit de propriété qu'il n'acquerra que par la suite sur un lot particulier. En réalité, et nous avons déjà eu l'occasion de le dire, il n'en est rien. Lorsqu'a lieu la publication du rôle provisoire, il est impossible même de prévoir, d'une manière certaine, la quantité de la coupe qui sera distribuée en nature entre les habitants. Il est loisible, en effet, au Préfet de décider, en raison de la situation financière de la commune, qu'il sera vendu au profit de la caisse municipale une portion de la coupe plus importante que celle prévue par l'assemblée locale. On ne peut donc dire que, par le fait de l'inscription au rôle, chaque affouagiste devient co-propriétaire de l'ensemble de la coupe, car à ce moment même, celle-ci est encore la propriété exclusive de la commune.

Faut-il donc, suivant un autre système et, conformément à certaines décisions administratives, admettre que l'habitant n'acquiert la propriété du lot qui lui est attribué qu'à l'instant où il est en possession de ce lot, c'est-à-dire postérieurement à l'enlèvement. Dans ces conditions, des héritiers ne sauraient, en aucun cas, se présenter à la place de leur auteur, lors de la distribution des lots.

On pourrait soutenir aussi que le droit de propriété de l'affouagiste, ne pouvant s'exercer que sur un lot en particulier, l'acquisition de ce droit de propriété ne peut avoir lieu qu'à la suite de l'opération par laquelle les lots sont déterminés, c'est-à-dire postérieurement au tirage au sort opéré par le Maire.

A notre avis, telle n'est pas la solution qui doit être adoptée sur ce point. Il est certain, en effet, que le droit de propriété ne s'exerce que sur un lot spécial, mais dès l'instant où la portion de bois à partager est nettement déterminée et où le nombre des participants au partage est définitivement fixé, chacun de ceux-ci acquiert un droit de copropriété sur cette portion de coupe. Quel que soit le moment où le partage effectif a lieu, celui-ci doit, en vertu des principes généraux. avoir un effet rétroactif. Si l'on s'inspire de cette idée. on aboutit

à la conclusion que l'affouagiste peut transmettre
son droit acquis dès l'instant où le rôle est devenu
définitif. Il peut, d'ores et déjà, le vendre et son
acheteur devra être admis, en vertu de son acte de
vente, à réclamer le lot d'affouage qui sera attribué
à l'habitant. De même, c'est à tort que les communes, dans la pratique, se contentent de vendre au
profit de la caisse municipale les lots de tous ceux
qui sont décédés avant l'enlèvement de la coupe.
Toutes les fois que le décès est intervenu postérieurement à la clôture définitive du rôle, nous
n'hésitons pas, pour notre part, à reconnaître aux
héritiers, lors même qu'ils n'habiteraient pas la commune, le droit de se présenter au lieu et place de
leur auteur.

TITRE V

PERTE DU DROIT D'AFFOUAGE

CHAPITRE Ier

Conditions dans lesquelles l'affouagiste peut perdre ses droits

---

Après avoir examiné quelles conditions il faut remplir pour avoir droit à l'affouage, il nous faut rechercher comment et par suite de quelles circonstances celui qui a acquis ce droit peut le perdre.

Il est nécessaire tout d'abord de distinguer trois hypothèses : celle où la qualité d'habitant remplissant les conditions légales cesse de conférer, comme précédemment le droit à l'affouage ; celle où un seul habitant se trouve définitivement privé pour l'avenir du droit précédemment acquis à la participation au produit des bois communaux ; celle enfin où, tout en conservant ce droit pour l'avenir, il ne peut plus prétendre utilement à une part dans les coupes affouagères d'une ou plusieurs années antérieures.

Dans le premier cas, on peut dire qu'il y a extinction absolue du droit d'affouage. Cette extinction peut résulter de la disparition de l'objet du droit, c'est-à-dire de la disparition de la forêt communale. Celle-ci peut être la conséquence d'un cas purement fortuit tel qu'un incendie. Elle peut être aussi le résultat, soit de l'aliénation, soit du défrichement du bois communal.

Le législateur, pour des raisons d'intérêt général, a pris soin de rendre difficile cette aliénation et ce défrichement, et les droits des affouagistes se trouvent ainsi protégés. Tandis, en effet, qu'il appartient au Préfet de statuer sur les aliénations de biens communaux de toute nature qu'elle qu'en soit la valeur, les bois appartenant aux communes et soumis au régime forestier ne peuvent être aliénés qu'en vertu d'une autorisation du chef de l'Etat (1).

L'article 91 du Code forestier déclare d'autre part formellemeut qu'aucun défrichement de bois

______

(1) Avis du Conseil d'Etat, 11 Novembre 1852 et circulaire du Ministre de l'Intérieur du 8 décembre 1852.

des communes ne peut être fait sans une autorisation spéciale et expresse du Gouvernement. La loi
du 10 août 1871, art. 50, a décidé de plus que les
Conseils Généraux seraient appelés à donner leur
avis sur les délibérations des Conseils municipaux
relatives aux défrichements de bois communaux.

Faut-il ranger également la prescription extinctive parmi les causes qui font perdre à l'ensemble
des habitants d'une commune ou d'une section
de commune le droit d'affouage, dans le cas bien
entendu où ce droit aurait pour objet un bois communal appartenant à une autre commune ou à une
section différente de la commune ? En d'autres
termes, le fait, pour des habitants d'un hameau
par exemple, d'avoir négligé de réclamer contre
leur omission sur la liste affouagère peut-elle porter préjudice à l'existence de leur droit et permettre aux autres habitants de leur opposer la
prescription trentenaire ? La jurisprudence, et avec
raison, ne l'a pas admis (1).

La négligence individuelle des habitants ne saurait en effet porter atteinte à un droit qui a un
droit qui a un caractère communal. D'autre part,
ceux-là même qui ne veulent voir dans le droit
d'affouage qu'une servitude réelle sont bien obligés

(1) Cour de Cassation, 24 juillet 1839. — Besançon, 6 Juillet
1838 et Conseil d'Etat, 10 Août 1825.

de reconnaître qu'elle est discontinue et que dans ces conditions, elle ne peut se perdre par le non usage. Toutefois, s'il s'agissait de deux sections de communes ayant des intérêts distincts, on pourrait opposer la prescription extinctive aux habitants de l'une de ces sections si pendant trente ans aucun d'eux n'avait fait valoir ses droits. Mais dans ce cas c'est le droit de propriété de la section de commune elle-même qui se trouverait atteint par le non usage.

Sans que le droit d'affouage soit perdu pour l'ensemble des habitants de la commune, il peut cesser d'exister au profit de l'un de ceux-ci. En dehors du cas bien évident de la mort de l'ayant-droit, il suffit que ce dernier cesse de remplir l'une quelconque des conditions exigées par la loi. L'étranger notamment qui se voit retirer l'autorisation de domicile en vertu de laquelle, conformément à la loi de 1874, il pouvait participer à l'affouage, perd ce droit du seul fait du retrait de l'autorisation. Il en est de même de celui qui cesse d'avoir un domicile réel et fixe dans la commune ou qui ne peut plus être considéré comme chef de famille dans le sens de la loi de 1883.

Nous avons afin prévu une troisième hypothèse dans laquelle un habitant se trouvant dans les conditions légales pour prétendre droit à l'affouage et conservant ce droit pour l'avenir peut se trouver déchu de l'avantage de recevoir le lot d'une ou de plusieurs années antérieures.

C'est une lacune regrettable de la loi de n'avoir pas décidé, en fixant les formalités de l'établissement de la liste affouagère, quelle serait pour l'habitant qui négligerait de réclamer contre sa non-inscription, la conséquence de cette négligence.

Trois théories ont été soutenues à ce sujet. La loi, a-t-on dit, a décidé que la liste affouagère serait publiée et cette publication n'a d'autre but que de permettre à ceux qui se trouveraient omis de réclamer contre leur non inscription. Le fait d'avoir laissé passer le délai de publication sans élever aucune protestation suffit pour entrainer la déchéance du droit au lot. N'y a-t-il pas lieu d'assimiler, d'ailleurs, la publication du rôle d'affouage qui fixe la période impartie aux prétendants droits pour articuler leurs réclamations, au délai donné aux contribuables pour réclamer contre le rôle des contributions ?

Cette théorie ne nous semble pas admissible. L'assimilation sur laquelle elle est basée n'est pas en tous points exacte. Le contribuable, victime de sa négligence, ne perd pas du moins un droit acquis ; c'est, d'ailleurs, la loi elle-même qui a pris soin de fixer, en ce cas, la sanction de sa négligence. Or, c'est un principe absolu qu'en matière de déchéance, il n'est pas possible de raisonner par analogie, et que les cas de déchéance doivent être formellement prévus par un texte de loi.

Faut-il donc admettre, comme on l'a soutenu, qu'à quelque époque que ce soit, ou du moins pendant trente ans et après avoir négligé pendant plusieurs années même de revendiquer son droit, un habitant peut réclamer utilement les lots des années antérieures ?

La jurisprudence n'a pas été jusque-là ; elle a pensé qu'il fallait distinguer entre le cas où l'omission d'un ayant droit résulte de la faute de la commune elle-même. Dans cette hypothèse, l'habitant lésé pourra obtenir les lots dont il a été privé, ou, si ces lots n'existent plus, le montant de leur valeur.

Mais si l'omission sur la liste affouagère n'est que le résultat de la négligence, c'est-à-dire, d'une faute de l'habitant, les Conseils de Préfecture, dans des arrêts récents, ont reconnu qu'il se trouvera déchu du droit de réclamer tout lot qui n'existera plus en nature.

D'après ce système, qui nous semble le plus rationnel, ce n'est que le fait du partage qui entraîne, pour l'habitant négligent, la déchéance de son droit. A l'appui de ce système, on peut donner deux arguments, l'un pratique et l'autre juridique.

En premier lieu, en effet, il faut tenir compte de l'impossibilité réelle qu'il y aurait à gérer les finances de la commune si, sans qu'il y ait faute de

la part des représentants de celle-ci, il pouvait être,
à un moment quelconque, réclamé la valeur d'un
nombre plus ou moins considérable d'anciens lots
d'affouage. N'aboutirait-on pas ainsi à faire supporter à la commune la faute ou du moins la
négligence de ceux des prétendants droit qui
auraient omis de faire valoir leurs réclamations
lors du partage de la coupe affouagère ?

Mais, en dehors de cet argument pratique, ne
faut-il pas admettre, à un point de vue purement
juridique, que, si le fait de la distribution des lots
est nécessaire pour faire perdre son droit à l'affouage à celui qui a négligé de le faire valoir antérieurement, ce seul fait suffit à produire cet effet.
Cette déchéance, a-t-on dit, n'est pas incrite dans la
loi, mais, à notre avis, elle résulte des principes
généraux. Le créancier ne perd-il pas, en effet, son
droit par le seul fait que l'objet de ce droit a disparu par sa propre faute. Et n'est-il pas naturel,
dans ces conditions, de considérer que celui qui a
droit à un lot dans la coupe affouagère ne peut plus
faire valoir son droit par le seul fait que les lots
formés n'existent plus, puisqu'alors on peut dire
que l'objet de son droit a disparu.

CHAPITRE II

DE L'INFLUENCE DES MODIFICATIONS DE DIVISIONS ADMINISTRATIVES AU POINT DE VUE DU DROIT D'AFFOUAGE

Les divisions administratives n'ont pas un caractère immuable. Etablies en s'inspirant de l'état de choses existant, il peut arriver que, cet état de choses se modifiant, il soit nécessaire de les modifier également. Les intérêts qu'il avait paru opportun de mettre en commun à un moment donné peuvent, par suite des événements, se trouver tellement opposés, qu'il devient indispensable de les diviser. En sens contraire, il peut être utile, par suite de circonstances nouvelles, de réunir des circonscriptions jusque-là distinctes.

La loi a donc prévu le cas de réunion de deux communes et celui de distraction d'une section de commune, soit pour en faire une commune distincte, soit pour la rattacher à une autre.

Au cas où l'une des communes réunies, la section, le hameau, objet de la distraction, serait propriétaire de bois, quelle sera la conséquence de cette réunion ou de cette distraction sur les droits que peuvent avoir les habitants sur les biens communaux, notamment sur le droit d'affouage.

La loi de 1837 a résolu la question en décidant, titre I, art. 5, que « les habitants de la commune réunie à une autre commune conserveront la jouissance des biens dont les fruits étaient perçus en nature », et, art. 6, que « la section de commune érigée en commune séparée ou réunie à une autre commune emportera la propriété des biens qui lui appartenaient exclusivement ». C'est la consécration du principe que M. Monnier, dans son rapport sur le projet relatif aux attributions municipales (1), posait, en disant que « transférer une commune d'un canton dans un autre est une mesure d'ordre qui ne touche ni aux droits, ni aux biens de cette commune ».

La loi de 1884 n'a fait, dans son art. 7, que reproduire, sous une autre forme, les règles consacrées par la loi de 1837 : « La commune réunie à une autre commune conserve la propriété des biens qui lui appartenaient. Les habitants de cette commune conservent la jouissance de ces mêmes biens

---

(1) *Moniteur*, Séance du 19 mars 1835.

dont les fruits sont perçus en nature. Il en est de même de la section réunie à une autre commune pour les biens qui lui appartenaient exclusivement. »

La commune réunie, la section distraite, conserve donc, aux termes de la loi, qui a voulu ainsi consacrer les droits acquis, la propriété de ses bois et la jouissance en est maintenue aux habitants. Cela n'est vrai, d'ailleurs, que pour ceux des biens communaux dont les fruits sont perçus en nature. Pour ceux qui sont affectés à un usage public, ils deviennent le patrimoine de la commune nouvelle. Si la commune, en perdant sa personnalité administrative, conserve sa personnalité civile et continue à avoir la propriété des biens dont les fruits sont perçus en argent, le produit de ces derniers biens appartient en commun à tous les habitants de la commune nouvelle.

Avant la loi de 1837, on discutait sur l'influence que pouvait avoir, quant à la propriété des biens communaux, les modifications des divisions administratives, et l'on soutenait que du fait de son annexion à une commune, une section pouvait, soit perdre ses droits sur les biens de l'ancienne commune, soit en acquérir sur les biens de la commune à laquelle elle se trouvait rattachée. Dans ce dernier sens, le Préfet du Jura avait, par un arrêté, décidé que les habitants d'un hameau annexé devaient être compris dans la distribution de l'affouage de la commune. Le Conseil d'Etat, par un décret du 17 janvier 1813, repoussa cette théorie, et déclara que, « en principe général, la réunion des communes ne doit porter aucune atteinte à leurs droits respectifs de propriété, et que, s'il se présentait quelques cas d'exceptions, ils devaient être consacrés par un décret spécial. » Cette décision du Conseil d'Etat est importante en premier lieu, parce qu'elle fut insérée au Bulletin des Lois et constitua ainsi une règle générale. D'autre part, il faut remarquer que, dans l'espèce objet de la décision, il ne s'agit pas du rattachement d'une section de commune, mais de l'annexion d'un simple hameau à une commune nouvelle. Qu'il s'agisse donc d'une section de commune ou d'une fraction moins importante, comme un hameau, comme un domaine ou même une simple maison, la règle est la même; son rattachement à une autre circonscription administrative ne peut lui faire ac- acquérir aucun droit à la propriété des biens de celle-ci, et ne peut conférer aux habitants aucun droit de jouissance sur ces mêmes biens.

En sens contraire, il est bien évident que la réunion d'une fraction quelconque d'une commune à une autre circonscription administrative ne peut entraîner pour les habitants de la fraction distraite aucune perte des droits qu'ils pouvaient avoir antérieurement.

Ce principe, nettement posé par la loi de 1837 et par celle de 1884, que nous avons citées, a été consacré par la jurisprudence, et notamment par deux arrêts récents de la Cour de Cassation, l'un du 20 juillet 1896, l'autre du 3 février 1897 (1). Ces arrêts établissent nettement que les décisions administratives relatives à des modifications dans les circonscriptions territoriales ne peuvent, en aucun cas, entraîner pour les habitants, domiciliés dans la portion de commune distraite, la perte des droits de propriété ou autres, et notamment du droit d'affouage, qu'ils pouvaient avoir dans les bois de la commune dont ils sont séparés.

Nous avons toujours supposé, jusqu'ici, que la section, le hameau ou la fraction détachée possédait un droit de propriété distinct sur une partie déterminée de bois. Mais il peut arriver, et c'est même l'hypothèse la plus fréquente, que cette fraction avait simplement un droit de copropriété sur l'ensemble des bois de la commune. En ce qui concerne les autres biens et notamment les rentes, la solution donnée par la loi est, en pareil cas, très simple : il y a lieu de procéder à un partage, et ce partage a lieu conformément aux principes généraux, c'est-à-dire par feu. Faut-il donc admettre

(1) Dalloz, 1897. 1. 132. — Dalloz, 1897. 1. 351.

que, au cas de distraction d'une section de la commune, il devra être procédé au partage des bois de
celle-ci, ou doit-on considérer que les habitants
conserveront simplement le droit de participer,
dans la mesure réglée par la loi, aux produits de
ces bois? Cette seconde solution aurait, sans doute,
l'avantage de simplifier les formalités administratives, mais elle aurait l'inconvénient de donner à
un Conseil municipal la mission de se prononcer
sur les conditions d'aptitude au droit d'affouage,
remplies par des étrangers à la commune.

Il ne semble donc pas douteux que la distraction
d'une fraction de la commune, copropriétaire des
bois de celle-ci, entraîne le partage de ces bois. C'est
au Conseil municipal de la commune à laquelle se
trouve rattachée la fraction distraite, qu'il doit appartenir d'établir la liste affouagère et de régler les
droits des habitants sur la portion des bois, objet
de la distraction.

La loi s'est donc inspirée, en cette matière, du
respect des droits acquis. Cette théorie a, cependant, été vivement critiquée, et il suffit de se reporter à la discussion de la loi de 1837 pour voir les
nombreuses objections formulées alors contre elle.
Les habitants de la portion de commune rattachée à
une nouvelle circonscription administrative ces-
sent, a-t-on dit, de participer aux charges de la
commune dont ils faisaient partie. Est-il rationnel

de les laisser, dans ces conditions, participer aux avantages qu'ils avaient précisément, en tant qu'habitants de cette commune ? A cette objection, il est facile d'opposer deux arguments : Du fait de la distraction d'une de ses fractions, les charges de l'ancienne commune se trouvent nécessairement diminuées, et l'on ne saurait prétendre qu'il y ait une injustice à réduire les avantages dont jouissent les habitants de la commune ; le droit acquis que pouvait avoir chacun de ces habitants, ne se trouve ainsi nullement atteint.

Quoi qu'il en soit, d'ailleurs, nous avons déjà eu l'occasion de dire qu'on ne saurait voir dans le droit d'affouage un avantage conféré aux habitants en compensation de leurs charges communales. Ceux-là mêmes qui ne supportent aucune de ces charges, comme les prolétaires, peuvent être inscrits sur la liste affouagère, et le fait de payer l'impôt ne saurait, par contre, justifier, à lui seul, la prétention d'y être compris.

On a dit également, et cette dernière théorie est encore soutenue aujourd'hui, que la loi ayant eu pour but de consacrer les droits acquis, ceux qui n'avaient, lors de l'annexion, aucun droit sur les biens de l'ancienne commune, ne sauraient, du fait de leur installation dans la fraction distraite, acquérir un droit d'affouage dans la commune, lorsque cette installation était postérieure à la distraction.

Un arrêt important de la Cour de Besançon, en date du 8 mars 1893 (1), a déclaré qu'il fallait distinguer le cas où les habitants d'un hameau, rattaché à une nouvelle commune, ont, sur les bois de l'ancienne, un droit d'affouage distinct et indépendant, et celui où il n'existe aucun titre spécial au profit de ce hameau. Dans ce dernier cas, on ne saurait prétendre que ceux qui viennent l'habiter postérieurement à son annexion, puissent participer aux produits du domaine forestier de l'ancienne commune.

Cette théorie ne nous semble pas admissible. Le fait d'avoir un domaine forestier constitue, en effet, pour une commune, un avantage qui résulte notamment du fait que les étrangers viennent s'y fixer de préférence. C'est là un droit acquis, et, en décidant que tout nouveau venu sera exclu du bénéfice de l'affouage, on respecte bien l'intérêt des habitants lors de l'annexion, mais on porte atteinte au droit de propriété de la commune elle-même.

Il est bien évident d'ailleurs que les différentes règles que nous avons posées ne sont pas inviolables. Elles ne sont inspirées que du désir de ménager les droits existants lors de l'annexion, tant au

(1) Voir Dalloz. 1894, 2. 30.

profit de la portion annexée que des habitants de celle-ci. Mais, comme en toute matière n'intéressant pas l'ordre public, il peut être dérogé aux règles fixées par la loi au moyen de conventions particulières. Il peut être, par exemple, de l'intérêt bien compris de la commune à laquelle une section est rattachée de faire participer les habitants de cette section aux avantages inhérents à la qualité qu'ils viennent d'acquérir. C'est au Conseil municipal qu'il appartiendra sous la réserve de l'approbation préfectorale d'examiner la question. L'hypothèse contraire peut également se produire, comme l'indiquait M. Dupin : (1) « S'il peut se trouver des cas où la section veuille conserver son individualité dans la nouvelle commune, il se peut aussi qu'elle soit assez riche, assez éclairée pour consentir au sacrifice de ces droits primitifs. Mais, dans le nouveau pacte, il faut que le sacrifice soit volontaire, qu'on ne dise pas que ce serait une alliance qui commencerait par un divorce ; non, le divorce existe avec la commune dont on se sépare ; avec l'autre à laquelle on se réunit, c'est une alliance qui se contracte. Mais, pour suivre la figure, cette alliance, ce convol peut se faire sous le régime dotal ou sous celui de la communauté ». (2).

(1) Voir *Moniteur* du 2 février 1837.

(2) Voir Becquet. Commune, n° 363, page 465.

Nous avons examiné jusqu'ici l'hypothèse de modifications administratives ayant un caractère normal.

Le démembrement des nationalités est au contraire un événement anormal et c'est en même temps le plus considérable qui puisse modifier les divisions administratives. Il y a donc lieu d'examiner les conséquences que peut entraîner l'annexion d'un nouveau territoire à la France au point de vue de la participation que les habitants de ce territoire pouvaient avoir au produit des bois qui y sont situés.

La conséquence de l'annexion est d'entraîner la nécessité de conformer à la loi nationale les divisions administratives. En ce qui concerne les bois, la tutelle organisée par la loi à ce sujet doit nécessairement s'appliquer sur la partie du domaine forestier annexé. C'est ainsi qu'après la réunion de la Savoie et du comté de Nice à la France, le décret du 13 juin 1860 déclara applicable à ces territoires les lois, ordonnances et décrets concernant le régime forestier. Mais de ce principe ne peut-il résulter des changements dans les droits, notamment les droits d'affouage, appartenant aux habitants des unités administratives précédemment existantes ?

Il semble évident que les règles qui s'appliquent au cas de distraction de section, de réunion de section à une autre commune doivent s'appliquer ici encore. Les nouvelles unités administratives, notamment les communes, dont la création suit l'annexion ne font que succéder aux unités administratives existant antérieurement.

Le traité en vertu duquel l'annexion a eu lieu pourrait prendre soin de déclarer que les droits collectifs des habitants seront respectés au même titre que doit l'être, en vertu des principes élémentaires du droit des gens, la propriété individuelle. Mais quoiqu'il en soit, il ne serait pas admissible que les bien affectés précédemment à l'utilité des habitants soient considérés comme vacants ou en deshérence.

Plusieurs communes nouvelles peuvent remplacer une division territoriale jusque-là unique. Il sera nécessaire alors de répartir entre ces diverses communes les bois comme les différents biens qui appartenaient à cette ancienne division territoriale. Il semble que, dans ce cas, chacune des communes créée devra être considérée comme une section distincte faisant partie auparavant d'une même commune, et les principes et les règles qui ont été exposées au cas de distraction de section devront par analogie s'appliquer. Chacune des fractions de l'ancienne circonscription propriétaire devra donc être appelée au partage, et la répartition, conformément aux principes, se fera par feu.

Enfin une dernière hypothèse peut être faite :

une délimitation de frontière peut diviser une circonscription territoriale propriétaire de bois, de telle façon que ces derniers se trouvent compris en France, tandis qu'une partie de la circonscription elle-même et le siège de celle-ci se trouvent incorporés dans un autre état. On a soutenu que les habitants devenus étrangers pouvaient néanmoins conserver, en pareil cas, le droit d'affouage sur ces bois situés en France. Cette théorie, pour admissible qu'elle est, aux yeux de ceux qui voient dans le droit d'affouage un droit de propriété et basent leur système sur le respect dû au cas d'annexion à la propriété individuelle, ne nous en paraît pas moins inaceptable. Le droit d'affouage n'étant à nos yeux qu'un droit d'une nature particulière, réservé en principe aux habitants de nationalité française et accordé seulement aux étrangers dans des conditions spéciales établies par la loi de 1874, ne peut appartenir à des étangers ne remplissant pas ces conditions. On ne saurait prétendre que la circonscription territoriale, bien que distraite du territoire français est restée propriétaire de son ancien domaine forestier. La première conséquence de la délimitation de frontière est en effet de le lui faire perdre.

Il faudrait supposer qu'une clause spéciale du traité intervenu ait réservé ce droit et reconnu ainsi à une personne morale étrangère le droit de posséder des biens en France. S'il s'agissait de bois, ceux-ci se trouveraient alors, au point de vue de leur exploitation soumis aux lois qui ont organisé une tutelle aux communes, quant à leur domaine forestier, tandis que la répartition des produits de ces bois se ferait suivant la loi étrangère et l'hypothèse est si invraisemblable qu'elle ne mérite guère de s'y arrêter.

TITRE VI

DE LA
COMPÉTENCE EN MATIÈRE D'AFFOUAGE

Ainsi que nous l'avons vu dans l'introduction, l'intérêt pratique de cette étude vient notamment de la fréquence des contestations en matière d'affouage. Dans certains départements forestiers, la proportion des affaires de ce genre inscrite au rôle des Conseils de Préfecture est, nous l'avons dit, de près d'un dixième sur l'ensemble des autres contestations.

Il n'est pas, d'autre part, de questions où, plus que dans celles d'affouage, il soit délicat d'établir la distinction entre la capacité civile et l'aptitude administrative.

Nous aurons à rechercher successivement : 1° les diverses difficultés qui peuvent s'élever en matière d'affouage ; 2° Entre quelles personnes elles peuvent exister ; 3° Il nous faudra déterminer ensuite devant quelles juridiction ces différentes contestations doivent être portées.

Avant la loi de 1883, de nombreux procès avaient pour motif les difficultés qui s'élevaient fréquemment sur l'existence ou sur l'application des divers usages.

Les uns soutenaient que c'était aux tribunaux ordinaires qu'il appartenait de statuer aussi bien sur l'existence même de l'usage que sur sa légalité. Le Conseil d'Etat, au contraire, attribuait aux Conseils de Préfecture la compétence en pareille matière.

Depuis la loi de 1883, qui a supprimé la valeur des anciens usages, la question n'a plus qu'un intérêt rétrospectif et il ne semble pas nécessaire d'y insister. Néanmoins, il paraît qu'il eut été rationnel de distinguer suivant que la contestation s'élevait sur une simple question de fait, c'est-à-dire, sur l'existence même de l'usage et d'attribuer, dans cette hypothèse, la compétence aux Conseils de Préfecture. Au contraire, quand la question se posait de la légalité de l'usage, les tribunaux civils auraient dû être appelés à la trancher.

Actuellement la discussion peut être fondée : 1° sur l'interprétation des titres réglant le droit à l'affouage ; 2° sur l'existence au profit d'une collectivité du droit à l'affouage et sur les conditions d'exercice de ce droit ; 3° enfin, et c'est le cas le plus fréquent, sur la question de savoir si un individu a droit à un lot d'affouage.

La première distinction qu'on peut établir est donc celle qui résulte du fait que la prétention au droit d'affouage est élevée par une collectivité : commune ou section de commune, ou, au contraire, par un particulier qui se prétend lésé et élève sa prétention contre une commune.

Quelles personnes, dans l'un ou l'autre cas, pourront intervenir dans le débat ? En principe, le droit de soulever une contestation appartient à toute personne intéressée. Il est donc manifeste que celui qui se trouve lésé parce qu'il prétend avoir droit à l'affouage et qu'il n'a pas été compris dans la liste affouagère peut introduire une instance à ce sujet contre la commune. Il ne fait ainsi que revendiquer un droit qu'il considère comme sien. Il n'est pas douteux non plus, qu'à son défaut, ses héritiers ou ayants-droit peuvent agir contre la commune ; le droit qui appartenait à leur auteur leur étant échu, ils peuvent, comme cet auteur lui-même, le revendiquer.

Mais si un nouvel affouagiste est inscrit au rôle, la part de tous les autres en sera diminué d'autant, et ne peut-on dire, dans ces conditions, que chacun d'eux est intéressé et peut intervenir dans l'instance pour y appuyer une délibération du Conseil municipal qui exclut un prétendant droit de la liste ? De même, ne serait-il pas rationnel qu'un des affouagistes portés sur la liste puisse introduire une instance en vue de faire rayer un autre habitant qu'il prétend y avoir été porté indûment, en se basant sur ce fait que sa propre part peut se trouver diminuée par suite de cette inscription erronée ?

La jurisprudence et la doctrine ont répondu négativement à ces deux questions. Aux yeux de ceux qui considèrent le droit d'affouage comme un droit de copropriété appartenant aux différents habitants, cette solution semble difficilement justifiable. Comment admettre, en effet, que des copropriétaires ne puissent introduire un débat sur la question de savoir si tel ou tel peut se considérer comme propriétaire ? C'est donc là une preuve de plus à l'appui de la théorie que nous avons soutenue et d'après laquelle l'affouagiste n'exerce nullement un droit de propriété sur les bois communaux dont la commune, personne morale, est seule propriétaire.

En admettant notre système, il est rationnel que les contestations en matière d'affouage ne puissent exister que, soit entre deux communes ou sections de communes, quand le droit à l'affouage, c'est-à-dire le droit de copropriété de l'une d'elles, est contestée par l'autre, soit entre la commune propriétaire et un habitant qui prétend que son droit est indûment violé par celle-ci.

Après avoir déterminé les personnes qui peuvent se trouver en présence dans les contestations en matière d'affouage, il nous reste à rechercher devant quelle juridiction ces contestations peuvent être portées, suivant les différents objets qu'elles peuvent avoir.

C'est là un des points qui ont fait l'objet des plus vives discussions de la part des auteurs et des solutions les plus diverses de la part de la jurisprudence.

Dans l'exposé historique que nous avons fait du droit d'affouage, nous avons volontairement négligé l'histoire de la compétence en cette matière ; nous la reprendrons ici.

L'Edit de 1443 intitulé « de la coignoissance des eaux, bois et forêts des subjets du roy, attribués aux officiers des eaux et forêts » organisa le premier les juridictions chargées de connaître les contestations relatives à l'exercice du droit d'affouage dans toutes les forêts du royaume, aussi bien celles des communes que celles de là couronne.

Cet édit n'est d'ailleurs que le préliminaire de l'ordonnance de 1669. Celle-ci maintint le Grand-Maître enquêteur, ses lieutenants, avocats, procureurs, greffiers et autres officiers et donna à ceux-ci à la fois la charge de l'Administration forestière et la compétence pour les contestations relatives à cette matière.

La loi organisait ainsi une juridiction spéciale distincte des tribunaux ordinaires auxquels défense était faite de connaître de toutes les questions relatives aux forêts.

A ce système, on pouvait reprocher que l'Administration chargée de connaître des délits eut en même temps mission de les juger et que, appelée à contrôler l'exercice de certains droits, elle put également statuer sur les contestations soulevées précisément au sujet de l'exercice de ces droits. Le décret de 1790, inspiré par le principe de la sépation des pouvoirs, remit aux tribunaux ordinaires la compétence en matière forestière. La loi du 28 pluviose an VIII, créa les Conseils de Préfecture et la loi du 9 ventose an XII leur attribua la connaissance des contestations relatives au partage des biens communaux.

C'est alors que la question se posa de savoir si la compétence en matière d'affouage appartenait aux tribunaux ordinaires ou si, au contraire, les Conseils de Préfecture étaient compétents en semblable matière.

Dans certains cas cependant aucun doute ne peut exister. Lorsque le droit d'affouage est réclamé par une commune ou une section de commune qui se base, pour revendiquer ce droit sur la propriété existant, à son profit, sur la forêt, objet du droit, les tribunaux ordinaires, seuls compétents en matière de propriété, peuvent en effet seuls trancher la diffiulté (1).

Lorsque, d'autre part, la contestation est soulevée au sujet des conditions d'exercice du droit, lorsqu'elle est relative, par exemple, à la confection ou à l'approbation du rôle d'affouage, à la manière dont ce rôle a été affiché, à la fixation de la taxe affouagère (2), aux procédés employés pour partager (3), exploiter ou vendre la coupe affouagère, comme il s'agit de statuer sur des actes essentiellement administratifs, l'affaire est de la compétence du Conseil de Préfecture. D'ailleurs, celui qui se prétend lésé peut adresser tout d'abord sa réclamation au Conseil municipal, en second lieu au Préfet et enfin au Ministre de l'Intérieur chargé de statuer en dernier ressort sur les questions d'administration.

Quelles que soient les décisions prises par l'une de ces autorités, elles constituent des actes de juridiction gracieuse et ne sauraient empêcher la partie intéressée de porter ensuite sa demande devant le Conseil de Préfecture.

La difficulté n'existe donc que lorsqu'il s'agit de

---

(1) Dalloz 1862, 1. 85.
(2) Conseil d'Etat, 8 avril 1892. Dalloz 1893. 3. 73.
(3) Dalloz 1865. 1. 427.

savoir quelle est la juridiction compétente pour trancher les conditions d'aptitude personnelle au droit d'affouage.

Ceux qui attribuent cette compétence aux Conseils de Préfecture font remarquer que la loi du 10 Juin 1793 ayant reconnu aux Conseils de Préfecture (1) la compétence en matière de partage de la propriété des biens communaux, il était rationnel d'accorder aussi à ces tribunaux la connaissance des questions soulevées au sujet du partage du produit de ces biens.

Telle était la théorie adoptée par le Conseil d'Etat antérieurement à 1850. La Cour de Cassation repoussait, au contraire, cette jurisprudence, revendiquait pour les tribunaux ordinaires la compétence sur toutes les questions d'aptitude à l'affouage et déclarait que les tribunaux administratifs ne pouvaient connaître que des contestations relatives au mode de répartition.

Un arrêt du Tribunal des Conflits de 1850 mit fin aux hésitations de la jurisprudence en consacrant la théorie de la Cour de Cassation. Mais cet arrêt ne fit pas cesser les discussions soulevées par la doctrine sur ce point.

Il faut reconnaître, en effet, que le système

____

(1) Art. 2, titre 5, attribuant cette compétence au directoire du département.

adopté par l'arrêt de 1850 pouvait faire l'objet de sérieuses critiques.

Au point de vue pratique, la nécessité de recourir à la procédure des tribunaux ordinaires est de nature, en effet, par l'élévation des frais entraînés par cette procédure, à faire renoncer les prétendants droit à un avantage dont la valeur serait souvent inférieure au chiffre des frais causés par un procès. C'est mettre ainsi les droits des particuliers sans défense contre l'arbitraire des municipalités.

D'autre part, au point de vue théorique, on faisait remarquer que, dans la loi du 10 juin 1793, il n'est établi aucune distinction relativement à la compétence entre le mode de partage et l'aptitude personnelle des prétendants droit. Cette distinction ne peut être basée que sur l'article 2 de la section 5 de cette loi, qui stipule que « toutes les réclamations qui pourront s'élever, en raison du mode de partage des biens communaux », seront de la compétence de la juridiction administrative. Mais il paraît évident, disait-on, qu'en parlant du mode de partage, le législateur a bien entendu parler des conditions relatives à l'aptitude personnelle, et que, dans son esprit, toutes les contestations relatives à ce qui concerne non seulement le mode même de partage, mais aussi les conditions exigées pour être admis à ce partage, devaient être portées devant la juridiction administrative (1).

Malgré ces objections, la jurisprudence, d'une façon générale, s'était conformée à l'arrêt du Tribunal des Conflits, en date de 1850 ; elle avait admis que les tribunaux judiciaires seraient seuls compétents pour apprécier si un réclamant justifiait des conditions d'aptitudes exigées par les lois. Cette jurisprudence était basée sur le principe que ces conditions d'aptitude, touchant à l'état des personnes, puisqu'elles sont relatives à la nationalité, au domicile, ou à la situation de famille (2), ne pouvaient relever de tribunaux administratifs.

Quelques Conseils de Préfecture, cependant, frappés des inconvénients que présentait, dans la pratique, le système adopté, et pensant que les arguments donnés à l'appui étaient loin d'être indiscutables, s'étaient déclarés compétents en matière d'affouage (3). En vue de mettre fin à la différence

(1) Conseil d'Etat, 18 novembre 1846. — Dalloz, 1847. 3. 1. — Conseil d'Etat, 18 novembre 1846. — Dalloz, 1847. 3. 2.

(2) Nancy, 26 juin 1846. 2. 240.
Conseil d'Etat, 30 mars 1846. — Dalloz, 1846. 3. 130.
Cour de Cassation, 19 avril 1847. — Dalloz, 1847. 1. 275.
Conseil d'Etat, 10 avril 1850. — Dalloz, 1850. 3. 49.
Conseil d'Etat, 12 juillet 1850. — Dalloz, 1850. 3. 68.
Cour de Cassation, 24 mai 1869. — Dalloz 1869. 1. 511.
Lure, 20 juin 1894. — Dalloz, 1895. 2. 534.

(3) Conseil d'Etat. 8 mai 1896. — Dalloz, 1897. 3. 46.

d'appréciation entre les deux juridictions, le Ministre de l'Intérieur saisit de nouveau, en 1895, le Tribunal des Conflits de cette question.

Celui-ci, par un arrêté important, en date du 4 juillet 1896 (1), déclara que la loi du 10 juin 1793, en attribuant à la juridiction administrative les contestations qui pourraient s'élever, à raison du mode de partage des biens communaux, avait entendu « comprendre la décision à rendre sur tous les points contentieux ressortant des prétentions des habitants de la commune à la jouissance d'une

(1) Dalloz, 1897. 3. 72. « Considérant que les articles 1 et 2, section V, de la loi du 10 juin 1793, concernant le mode de partage des biens communaux, attribuent à la juridiction administrative les contestations qui pourront s'élever à raison du mode de partage entre les communes, et toutes les réclamations qui pourront s'élever à raison du mode de partage ;

« Considérant que, par ces expressions, la loi a entendu comprendre la décision à rendre sur tous les points contentieux ressortant des prétentions des habitants de la commune à la jouissance d'une part des biens communaux, et se rattachant nécessairement au mode de partage adopté ;

« Considérant que la compétence de la juridiction administrative a été confirmée par l'art. 6 de la loi du 9 ventôse an XII, et par le décret du quatrième jour complémentaire de l'an XIII ;

« Considérant que les litiges que ces lois ont en vue embrassent toutes les questions d'aptitude personnelle qui ne sont pas définies par le Code Civil, et ne rentrent pas dans les questions préjudicielles d'état ou de droit civil, nécessairement réservées aux tribunaux civils ;

« Considérant qu'en matière d'affouage, l'article 105 du Code Forestier, modifié par la loi du 23 novembre 1883, a établi des conditions qui, même pour le domicile, sont distinctes de la loi civile ordinaire. »

part des biens communaux, et se rattachant nécessairement au mode de partage adopté. »

Cet arrêt semble avoir, d'une façon définitive, tranché la question, et les Conseils de Préfecture, depuis cette époque, se sont déclarés compétents sur toutes les contestations relatives à l'aptitude personnelle des prétendants droit à l'affouage.

Cette jurisprudence nous paraît la meilleure, mais nous n'entendons nullement soutenir qu'elle soit indiscutable?

Remarquons tout d'abord et incidemment qu'il n'est pas tout à fait exact de dire que les prétendants droit peuvent ainsi obtenir satisfaction sans aucun frais. Les Conseils de Préfecture sont, en effet, obligés, dans la plupart des cas, pour éclairer leur religion, d'ordonner une enquête qui entraîne forcément certains frais (1). Il n'en est pas moins vrai que, au point de vue pratique, ce système offre de sérieux avantages; la preuve en est dans le nombre plus grand des procès en matière d'affouage, depuis que ces différends sont portés devant les Conseils de Préfecture. Cet accroissement des procès provient évidemment de la certitude qu'a celui qui se croit lésé de pouvoir obtenir satisfaction, sans supporter des dépenses dont le

____

(1) De plus, en cas de recours devant le Conseil d'Etat, une consignation de 500 fr. est exigible.

montant serait plus considérable que l'avantage auquel il peut prétendre.

Malgré cette considération, il ne nous parait pas d'ailleurs possible d'approuver cette jurisprudence, tout au moins d'une manière absolue.

Elle nous parait, en effet, basée sur le système que nous avons repoussé, et qui consiste à voir, dans le domicile de l'art. 105 du Code Forestier, un domicile spécial.

L'arrêté de conflit du 4 juillet 1896 dit que : « le Code Forestier, modifié par la loi du 23 novembre 1883, a établi des conditions qui, même pour le domicile, sont distinctes des règles de la loi ordinaire ».

Malgré l'obscurité voulue des termes, n'est-ce pas indiquer que le domicile affouager est distinct du domicile du Code Civil, et que, pour cette seule raison, les Conseils de Préfecture peuvent être appelés à se prononcer à ce sujet ?

Le désir d'appliquer aux différends, en matière d'affouage, une procédure simplifiée, ne nous parait pas suffisant pour justifier cette théorie.

N'est-il pas, d'ailleurs, des cas où les tribunaux ordinaires sont appelés à trancher une question préjudicielle avant que les Conseils de Préfecture puissent statuer sur le droit à l'affouage du réclamant. Si la commune objecte, à la prétention de celui-ci, qu'il n'a pas la qualité de Français, qu'il revendique au lieu de se prévaloir de l'autorisation exigée des étrangers, il est bien évident, en effet, que les tribunaux administratifs ne pourraient se déclarer compétents pour trancher une question de nationalité.

Il en est absolument de même, à notre avis, chaque fois qu'une difficulté est soulevée sur le point de savoir si le prétendant droit a ou n'a pas son domicile dans la commune, et le Conseil de Préfecture devrait, s'il y a doute, laisser aux tribunaux ordinaires le soin de trancher la question.

En tout cas, là encore, nous aboutissons à cette conclusion qu'il serait désirable que le législateur précisât mieux les conditions d'aptitude à l'affouage, et indiquât, d'une façon très nette, s'il veut établir « des règles distinctes de la loi ordinaire » à ce sujet.

CONCLUSION

La conclusion naturelle de cette étude où nous avons, à maintes reprises, formulé des critiques contre l'état de choses existant, consiste à examiner les réformes législatives qui seraient de nature à donner satisfaction aux intérêts en cause.

La question présente d'ailleurs un véritable intérêt d'actualité. Dans toute la région du Sud-Est de la France, c'est-à-dire dans les départements où l'affouage a une importance réelle, des vœux ont été émis fréquemment par les Conseils d'arrondissement et les Conseils généraux tendant à la modification de l'article 105 du Code Forestier.

Il y a quelques mois à peine, le 12 avril 1899, le Conseil général du Jura, appelé à se prononcer sur la question, a exprimé l'avis qu'il y aurait lieu de procéder à une vaste consultation des Conseils municipaux qui permettrait de fixer d'une façon précise les condions de partage des coupes affouagères qui seraient les mieux de nature à donner satisfaction aux intéressés.

A la fin de l'année 1898, une proposition de loi tendant à modifier l'article 105 du Code Forestier, a été déposée à la Chambre des Députés par MM. De Moustier, Ordinaire et Cère.

On peut supposer qu'avant la fin de la législature actuelle, elle pourra être discutée et ne subira pas le sort de deux autres projets antérieurs : celui de M. Viette, alors Ministre de l'Agriculture (1), déposé le 16 juillet 1888 et celui présenté par M. Philipon (2), le 21 novembre 1893, qui ne sont jamais venus jusqu'à ce jour en discussion.

Au lieu d'étudier successivement ces différents projets qui ne se contentent pas d'ailleurs de proposer des modifications aux règles admises pour le partage de l'affouage, et s'étendent à d'autres parties de la législation forestière, nous croyons préférable d'examiner les différentes parties de la législation relatives à notre sujet qui ont donné lieu à des critiques, d'indiquer et de discuter les solutions qui ont été proposées pour faire droit à ces réclamations.

La première réforme — la plus radicale de toutes

(1) *Journal Officiel.* 1888. Annexes-Sénat-Documents, p. 422.

(2) *Journal Officiel.* Annexe au procès-verbal de la Chambre. Documents, 1893, p. 28. Séance du 21 novembre 1893.

— qu'on ait proposée consisterait à supprimer le domaine communal forestier, comme d'ailleurs, les autres parties de la propriété communale immobilière. A une époque, a-t-on dit, où, de toute part, on s'efforce de faire produire aux sources de richesse un maximum de rendement, le domaine communal en constitue une qui, si elle ne dépérit pas, tout au moins ne tend nullement à s'accroître. N'y a-t-il pas là une conséquence même de la nature des choses ? Le développement de la culture intensive, l'emploi de moyens plus perfectionnés dans toutes les branches de l'agriculture ne sont-ils pas le résultat de l'initiative individuelle qui ne saurait s'exercer là où aucun individu ne doit recueillir le fruit de ses efforts et de son initiative ? Ce serait donc à tort que les Assemblées de la Révolution, après avoir décidé le partage des biens communaux seraient revenues en arrière et il serait grand temps d'adopter cette solution qui est la véritable.

Nous n'hésitons pas, quant à nous, à repousser énergiquement cette théorie. Il est possible à la vérité, que le domaine communal ne produise pas son maximum de rendement, mais du moins, là où ce domaine existe, son produit vient, dans une large mesure, en aide aux malheureux.

C'est, en effet, dans la région du Sud-Est de la France qu'on rencontre le plus grand nombre d'hôpitaux, d'asiles et d'autres établissements qui permettent de donner satisfaction au désir de solidarité qui se répand de plus en plus. Il n'est pas douteux que ces institutions ont été fondées, se sont développées et peuvent vivre, grâce précisément aux ressources que les communes trouvent dans leur domaine forestier.

Cette seule considération suffirait à faire écarter l'idée d'un partage des bois communaux. Une semblable opération présenterait, d'ailleurs, dans la pratique, des difficultés sur lesquelles il est à peine besoin d'insister et des conséquences qu'on peut difficilement prévoir.

A côté de cette réforme absolue, il en est une autre, sur laquelle la plupart des projets de loi que nous avons indiqué sont d'accord. A une époque où la conservation de la richesse forestière présentait une importance capitale pour la richesse nationale, le législateur a soumis les communes à une véritable tutelle de la part de l'Etat en ce qui concerne la gestion de leurs bois. Cette tutelle absolue ne semble plus avoir sa raison d'être aujourd'hui où les moyens de communication ont pris un développement considérable, où les bois des particuliers se sont singulièrement accrus, où enfin, de plus en plus, le fer tend à remplacer le bois en ce qui concerne la construction (1).

Le législateur de 1883 s'est donc absolument trompé, à notre avis, lorsque, bien loin de diminuer cette tutelle, il a voulu établir en ce qui concerne la répartition de l'affouage, une règle uniforme absolue. Les usages souvent surannés pouvaient présenter de sérieux inconvénients, mais si leur suppression s'imposait, elle devait avoir pour corollaire une certaine latitude accordée aux assemblées locales pour le choix du mode de répartition des coupes affouagères. Il ne paraît pas douteux, par exemple, que, dans les communes, où les coupes affouagères ont une importance considérable, où les lots actuellement peuvent arriver à des valeurs de 250 à 300 francs, le partage par tête pourrait être utilement adopté. Il aurait en effet l'avantage de tenir compte de la situation des ayants-droit, et les célibataires ou les personnes vivant isolées n'en conserveraient pas moins une part suffisante pour leur chauffage. Si l'on craignait sur ce point de laisser une indépendance absolue aux Conseils municipaux, il serait facile, tout au

(1) Il serait donc utile de simplifier dans bien des cas les conditions d'exercice du droit d'affouage, de diminuer les formalités exigées pour la délivrance de la coupe et son exploitation. Sur bien des points, une circulaire ministérielle suffirait et nous ne croyons pas nécessaire d'insister à ce sujet.

moins, de subordonner l'effet de leurs délibérations, lorsque celles-ci auraient pour but de modifier la règle générale posée en matière d'affouage, à l'avis conforme du Conseil général ou mieux du Conseil d'arrondissement et à l'approbation de l'autorité préfectorale. Celle-ci étant elle-même subordonnée au respect des principes généraux et notamment de l'égalité qui doit exister entre tous les habitants au point de vue du droit d'affouage, on n'aurait pas à craindre que les décisions des Conseils municipaux oit uniquement dictées par l'intérêt personnel de leurs membres.

La loi, dans ces conditions, se serait contentée d'établir un mode général de répartition, en laissant les assemblées municipales libres d'en adopter un autre, quitte à leur fixer certaines limites à ce sujet.

Encore aurait-il fallu indiquer une base de partage comme celle de droit commun et on est loin d'être d'accord, même actuellement, sur celle qui aurait dû être adoptée.

Lors de la discussion de la loi de 1883, au Sénat, M. Oudet avait indiqué les objections qu'on peut formuler contre le système du partage par feux. Celui-ci a, en effet, l'inconvénient de ne tenir aucun compte des charges de famille et de traiter, d'une manière égale, les célibataires et ceux qui sont chargés d'enfants. Pour porter remède à ce mal,

M. Oudet avait proposé un amendement ainsi conçu : .
« Dans les feux ou ménages comprenant plus de trois
personnes, parents ou alliés, de l'un ou de l'autre
sexe, la portion d'affouage sera doublée. Dans les
ménages composés de plus de six personnes, elle
sera triplée »..

Cet amendement a été repoussé sur l'objection
très juste qu'on avait faite que le système proposé
serait trop compliqué. La répartition étant faite
par le Conseil municipal, les règles de cette répartition doivent, en effet, être essentiellement simples.
On a fait remarquer d'ailleurs que l'affouage avait
pour but, non de servir de compensation aux
charges de famille des ayants-droit, mais simplement de servir à leur chauffage et que la quantité
de bois nécessaire dans ce but était la même dans
une maison, quel que soit le nombre des habitants.

C'est pour cette même raison que le partage par
tête, de la coupe affouagère, nous paraît devoir être
écarté comme régime de droit commun. D'ailleurs,
dans les communes où la distribution affouagère est
restreinte, il aboutirait en fait à ce résultat que les
lots seraient fractionnés à ce point qu'il devien-
draient sans valeur.

On a indiqué enfin un dernier moyen qui consisterait à vendre la coupe affouagère aux grandes
ventes de l'administration forestière et à partager
ensuite, en argent, le prix de vente entre les af-

fouagistes. Nous avons vu ce mode de procéder adopté dans une partie de la Suisse, mais il ne paraît pas pouvoir être indiqué comme le meilleur par le législateur. Il aurait, en effet, l'inconvénient de priver, en fait, de chauffage, c'est-à-dire d'un moyen d'existence indispensable, les malheureux qui, faute de ressources, ne pourraient se rendre adjudicataires d'un lot. Dans ces conditions, le partage par feu nous semble devoir être maintenu, mais seulement, nous le répétons, à titre de droit commun et avec la faculté laissée aux Conseils municipaux d'adopter une autre base de répartition.

Il serait surtout indispensable d'indiquer d'une manière très nette, les conditions d'aptitude au droit d'affouage. C'est à tort, selon nous, qu'on a voulu, voir, dans l'existence du domicile dans la commune, la première condition à remplir pour y prétendre et qu'on a pas tenu compte de la résidence. Le législateur, ayant exigé de l'affouagiste une habitation distincte, aurait pu se contenter de demander que cette habitation fut occupée d'une façon habituelle, que ce soit d'ailleurs par l'ayant-droit ou par les siens. Il y aurait eu là une simple question de fait que les Conseils municipaux auraient été mieux aptes à trancher qu'une question de droit comme celle de savoir si le prétendant droit avait son domicile légal dans la commune.

La loi de 1883 aurait donc gagné en précision, si elle s'était contentée de dire que le partage de l'affouage se ferait par feux, c'est-à-dire par chef de famille, et que serait considéré comme chef de famille quiconque aurait dans la commune une habitation à feu distinct, où il aurait sa résidence habituelle. Remarquons immédiatement qu'on aurait évité ainsi la nécessité de trancher par une disposition spéciale, comme l'avait proposé M. Viette, la question de savoir devant quelle juridiction devaient être portés les différends relatifs aux conditions d'aptitude personnelle au droit d'affouage. Aucune question préjudicielle relative au domicile ne pouvant plus être soulevée à propos des affaires d'affouage, celles-ci seraient naturellement de la compétence du Conseil de Préfecture, par application de la loi du 16 juin 1793.

L'objection qui se présente immédiatement à l'esprit contre notre système est la suivante : Il semble, qu'en se contentant d'une résidence habituelle dans la commune, on laisse une porte trop largement ouverte à la fraude. Ne sera-t-il pas facile, en effet, à certaines personnes de résider à la fois dans plusieurs communes affouagères et d'obtenir ainsi dans chacune de ces communes leur inscription au rôle d'affouage ? Le législateur, en exigeant l'établissement du domicile dans la commune, a précisément mis obstacle à cette fraude, puisque nul ne peut avoir plus d'un domicile, tandis qu'il est possible d'avoir de multiples résidences.

Il ne saurait être question, pour éviter cette difficulté, d'exiger du prétendant droit à l'affouage la justification d'une résidence dans la commune pendant la majeure partie de l'année. Dans bien des cas, en effet, cette justification serait, en pratique, impossible, et les enquêtes, qui pourraient être faites en vue d'examiner le bien fondé de la prétention des réclamants, n'aboutiraient souvent qu'à mettre en présence des témoignages contradictoires.

L'objection que nous venons d'indiquer ne nous paraît pourtant pas réfutable. S'il est possible, en effet, d'avoir plusieurs résidences, on ne saurait avoir, en des lieux différents, sa résidence habituelle. Il serait facile, d'ailleurs, d'imposer, à tout prétendant droit à l'affouage, l'obligation de formuler chaque année (1), avant une date déterminée — le 1er mai, par exemple — une demande tendant à son inscription au rôle. Celle-ci devrait être accompagnée d'une déclaration formelle portant que le réclamant n'est inscrit au rôle d'af-

---

(1) Il est bien évident, d'ailleurs, que la demande, formulée pour une année, resterait applicable aux années suivantes, sous la seule réserve que rien, dans la situation du réclamant, ne se trouverait modifié.

fouage dans aucune autre commune. Cette déclaration aurait un caractère analogue à celle que
l'Etat ou les communes exigent de quiconque veut
opérer des versements aux caisses d'épargne, les
règlements ayant décidé, pour empêcher celles-ci
de dégénérer en caisses de dépôts, qu'aucun verse-
ment ne serait admis de la part de ceux qui avaient
déjà un compte ouvert dans une caisse d'épargne
quelconque.

La loi établirait, en même temps, une sanction
contre celui qui aurait fait à ce sujet une fausse
déclaration. Par ce procédé, on arriverait, non
seulement à éviter la multiplicité des inscriptions
dans diverses communes, mais on fixerait, en
même temps, d'une manière précise et légale, le
moment où il serait nécessaire de justifier des
conditions requises pour prétendre à un lot d'affouage, ce moment devant être nécessairement
celui où serait formulée la demande.

En apportant cette innovation, et sans qu'il soit
nécessaire de modifier autrement la définition que
la loi donne du chef de famille, on reconnaîtrait le
droit à l'affouage de toute une catégorie de personnes qui, aujourd'hui, comme nous l'avons vu,
s'en trouvent injustement exclues, faute de pouvoir
justifier d'un domicile dans la commune.

Il n'en resterait pas moins établi, du moins aux
termes du droit commun, que, dans chaque maison,

une seule personne, le chef de famille, aurait droit
à un lot. Peut-être le pouvoir d'appréciation des
tribunaux compétents s'en trouverait-il accru dans
une certaine mesure, mais cet inconvénient ne
nous paraît pas comparable à celui qui résulte du
fait que l'admission à l'affouage de certaines personnes puisse être abandonnée à la générosité ou
plutôt à l'arbitraire de l'Assemblée locale.

En résumé, il paraît désirable de diminuer la
tutelle de l'Etat sur les bois communaux, et de
réduire, ainsi, dans une certaine proportion, du
moins, les frais qu'entraîne cette tutelle. La loi
agirait, d'autre part, sagement, en permettant certaines dérogations au régime de droit commun
établi par elle, relativement aux conditions d'aptitude exigibles de la part des affouagistes. Enfin, il
y aurait lieu de fixer exactement le moment où ces
conditions devraient être remplies, et de remplacer
l'obligation d'avoir dans la commune son domicile
légal, par celle d'y avoir simplement sa résidence
habituelle.

Le législateur, en abordant ces questions et en
les tranchant d'une manière définitive, pour l'avenir, fera œuvre utile. Non seulement il préviendra
la naissance de nombreux procès, mais il contri-
buera singulièrement à l'union des habitants des
communes forestières. Les Conseillers municipaux
ne pourront plus se laisser aller à priver leurs ad-

versaires politiques ou autres du droit d'affouage, et satisfaire leurs rancunes, en s'abritant derrière le texte obscur de la loi. En aucun cas, il n'est plus indispensable que celle-ci soit claire et précise, ne prête lieu à aucune discussion, que lorsque elle règle un droit communal et qu'elle doit être interprétée par une Assemblée municipale.

Nous ne pouvons donc qu'émettre le vœu, en terminant ce travail, de voir cette clarté et cette précision apportées prochainement dans les textes qui règlent actuellement le droit d'affouage communal.

Vu : *Le Président :*
BERTHÉLEMY.

Vu : *Le Doyen,*
GLASSON.

Vu et permis d'imprimer :
Le Vice-Recteur de l'Académie de Paris,
GRÉARD.

BOURG, IMPRIMERIE FRANCISQUE AILLOMBERT